AF132104

ANTICIPATION
LA REVUE

NUMÉRO 3

Autres numéros :

N°1 : Transhumanisme
La science va-t-elle modifier l'espèce humaine ? (Juin 2018)

N°2 : L'odyssée spatiale
Irons-nous vivre loin de la Terre ? (Septembre 2019)

ANTICIPATION
LA REVUE

NUMÉRO 3

**LES MONDES POST-APOCALYPTIQUES :
APRÈS LA FIN, LE RENOUVEAU**

PILOTÉ PAR
MARCUS DUPONT-BESNARD
& JEANNE L'HÉVÉDER

SOMMAIRE

AVANT-PROPOS

Que peuvent nous dire les nouveaux mondes qui émergent après la fin du monde ? Cette question remet d'emblée en question la notion même de fin, portant le focus sur l'« après ». Que pouvons-nous trouver en regardant au-delà du chaos apparent de la fiction post-apocalyptique, pour y chercher les formes de renouveau et d'espoir qu'elle dépeint, les messages qu'elle adresse à notre présent ? Nous avons pris ces œuvres comme un laboratoire de pensée utile, qui regarde notre humanité depuis le futur, qui nous met à nu, révélant les craintes, désirs et besoins de notre époque. Le « post-apo » est une littérature de solutions astucieuse : elle avance masquée, on ne la repère pas comme telle !

Notre approche est aussi motivée par un phénomène actuel : notre quotidien est imprégné de représentations apocalyptiques. Le changement climatique et l'extinction de masse que connait la biodiversité sont indéniables. La pandémie et le confinement ont bousculé nos vies, nous confrontant à des paysages et des situations qui semblaient n'appartenir avant qu'au « post-apo ». Le discours des collapsologues évoque la possibilité d'un effondrement de société en cours ou à venir.

À travers la fiction, mais également la science et l'histoire, ce numéro fait constamment des allers-retours entre présent et futur pour comprendre, à travers les « après » post-apocalyptiques, comment l'humanité perçoit son avenir et son champ des possibles.

Marcus Dupont-Besnard
Jeanne L'Hévéder

The Last of Us Part II, célèbre jeu vidéo post-apocalyptique.
(Image : Sony / Naughty Dog)

PARTIE 1
DÉPASSER LA FIN DU MONDE

« Commençons avec la fin du monde – pourquoi pas ? On en termine avec ça, et on passe à quelque chose de plus intéressant. »

Ces mots, issus du prologue de *La Cinquième Saison* de N.K. Jemisin, représentent avec piquant la démarche derrière la plupart des récits post-apocalyptiques contemporains. À l'origine, il y a certes la fin du monde, une catastrophe lente ou soudaine qui bouleverse tout. Mais pour ce genre fictionnel, il ne s'agit là que d'un point de départ pour dresser les « après » possibles. Comment les êtres humains vivent-ils ce monde désordonné ; comment s'organisent-ils socialement dans ce contexte ; qu'est-ce qui perdure ou non de leur humanité ; pourquoi en sont-ils arrivés là ; quelles conclusions peuvent-ils en tirer ? Ces « après » post-apocalyptiques sont des expériences de pensée, incarnant un renouveau qui se trouve être un miroir déformant de notre époque, de nos craintes, de nos désirs.

La fiction post-apocalyptique n'est d'ailleurs pas dystopique par essence. Tous les récits du genre ne font pas ce choix. Même lorsqu'on y trouve des avenirs sombres et chaotiques, se cachent très souvent des formes d'espoir sur notre capacité à conserver ou reconstruire des liens humains, à bâtir quelque chose de nouveau sur ce ciment. Plus largement, ces récits ont peut-être beaucoup à nous apprendre sur ce qui forge notre humanité. Que serait *La Route*, de Cormac McCarthy, roman post-apocalyptique majeur, sans la connexion profonde qui unit le père et le fils ? Le récit, aussi brutal soit-il, n'aurait pas la même teneur sans cette tendresse.

Ensuite, les « mondes post-apocalyptiques » n'appartiennent pas seulement au domaine de l'imaginaire. La planète a connu plusieurs extinctions, des sociétés humaines ont disparu, des villes ont fait face à des destructions nécessitant de les rebâtir ou de les abandonner, des vies humaines ont connu des effondrements à l'échelle individuelle ou collective. Les mondes post-apocalyptiques sont tous ces lieux et toutes ces structures qui, à un moment donné, ont connu une « fin », mot qui porte aussi en lui la notion de changement, de transformation.

« Voici ce qu'il ne faut pas oublier : la fin d'une histoire n'est que le début d'une autre histoire. [...] Quand on dit "C'est la fin

du monde", *il s'agit le plus souvent d'un mensonge, parce que la planète va bien* », relève la narratrice dans le roman de N.K. Jemisin.

La fin du monde

À l'image de N.K. Jemisin, il nous faut aborder brièvement la fin du monde en préambule avant de partir en quête de ce qui s'ensuit.

« *Nous avons tous et toutes notre apocalypse personnelle* », nous soutient l'écrivaine Élisabeth Vonarburg. « *Et c'est toujours "la fin du monde" quelque part pour quelqu'un, comme le faisait justement remarquer Yana Vagner au cours des discussions autour de son diptyque* Vongozero *: guerres, révolutions, ouragans, tremblements de terre, tsunamis, à défaut de la mort personnelle. Nous avons toujours projeté notre propre fin sur le cosmos, et nous le faisons encore : la fin de l'Humanité, ou du moins sa survie problématique, comme fin de tout.* »

On retrouve la fin du monde dès l'épopée de Gilgamesh, récit épique de la Mésopotamie, écrit en sumérien autour du XVIIIe siècle avant notre ère et souvent considéré comme le premier roman de l'humanité. Dans cette épopée, le personnage d'Uta-Napishtim est chargé, par la divinité Enki, de construire un navire appelé *Le Sauveur de la Vie*, afin de faire face au déluge provoqué par la colère des dieux. Le héros, Gilgamesh, se destine à rencontrer ce survivant, à qui les dieux ont conféré l'immortalité en compensation. Cette histoire fait écho à la séquence biblique de l'Arche de Noé et à d'autres textes. C'est le fameux déluge, mythe présent dans de nombreuses cultures et qui a tout d'une apocalypse à laquelle l'humanité aurait survécu.

Si le déluge se situe dans un passé, l'humanité aborde aussi la fin du monde comme une sorte de prophétie se situant dans l'avenir. Le mot « apocalypse » est d'origine religieuse. Il signifie « levée du voile », « révélation », « dévoilement ». Dans l'Apocalypse biblique, ce n'est pas une transition ni un simple changement : il s'agit d'une rupture radicale appelant l'avènement d'un monde nouveau, décrit comme parfait et qui efface totalement l'ancien. Dans cette approche, la fin du monde représente une ligne de démarcation stricte. D'autres religions ou spiritualités font apparaître une dimension plus cyclique. Dans la mythologie nordique, le Ragnarök se définit par des cataclysmes menant à une renaissance fertile de la Terre. Mais là encore, le monde d'avant se trouve effacé.

De nos jours, même dans des approches déconnectées de la religion, la fin du monde reste un discours présent. La notion d'effondrement, plus spécifiquement, n'a probablement jamais autant infusé les débats. Celles et ceux qui épousent cette possibilité évoquent des risques sociétaux, économiques et écologiques pouvant mener à une fin lente ou soudaine du monde thermo-industriel – c'est-à-dire un monde dépendant d'une industrie à base d'énergies fossiles. Ce questionnement a émergé concrètement en 1972 lorsqu'un important groupe de réflexion – le Club de Rome – a publié *Les Limites à la croissance* (ou *Rapport Meadows*). Ce document pointait les dangers écologiques de la croissance économique et démographique dans un monde « fini », limité en ressources.

Pour certains historiens et archéologues, la notion d'effondrement est pertinente pour analyser la chute de sociétés passées, comme l'Empire romain ou la société maya. « *Ainsi, de même que pour les Anasazis et les Mayas, [...] l'effondrement de la société pascuane [Île de Pâques] suivit rapidement le moment où elle avait atteint un pic démographique, où la construction de monuments était intensive et où l'impact humain sur l'environnement était le plus marqué* », écrit le géographe Jared Diamond, dans *Effondrement : Comment les sociétés décident de leur disparition ou de leur survie*, un essai au fort retentissement médiatique en 2005.

Le mouvement de la collapsologie s'est récemment emparé de l'effondrement en diffusant ce sujet auprès du grand public. Le mot « collapsologie » (néologisme signifiant l'étude de l'effondrement) est apparu en 2015 dans l'ouvrage de Pablo Servigne et Raphaël Stevens, *Comment tout peut s'effondrer*. Avec Gauthier Chapelle, Agnès Sinaï ou encore Yves Cochet, les collapsologues postulent que l'effondrement de notre société a peut-être déjà commencé, et qu'il est le résultat de facteurs interdépendants.

Nous reviendrons sur ces approches, et leurs critiques, dans les parties suivantes. Bien que toutes ces théories sur l'effondrement ne fassent pas l'unanimité, leur existence même est évocatrice tout à la fois de craintes et de désirs. Dans la pop culture, la production d'œuvres post-apocalyptiques s'est clairement intensifiée ces dernières années. Sur une liste de 340 films post-apocalyptiques réalisés depuis 1916, on en trouve 175 sortis au XXIe siècle, soit plus de la moitié de la liste.

Commencer par la fin pour mieux la nier

Comme la plupart des mouvements dédiés à l'effondrement, la littérature post-apocalyptique traite d'une fin du monde issue de causes anthropiques – provenant directement ou indirectement de l'activité humaine. D'ailleurs, pour cette raison, Élisabeth Vonarburg estime que le genre n'est pas dénué de tout lien avec la dimension spirituelle de l'apocalypse : « *Si l'on considère la présence sous-jacente de la notion de péché dans la réflexion contemporaine sur l'apocalypse, avec ses variantes laïques "erreur" ou "faute", on voit que la dimension spirituelle est toujours bien présente.* » Il est vrai que les œuvres post-apo contiennent toutes un questionnement sur les erreurs du passé – un passé qui n'est autre que notre présent. « *Qui a tué le monde ?* » est l'une des phrases marquantes du film *Mad Max Fury Road*. C'est un genre qui, à l'image de la science-fiction dans son ensemble, représente une littérature d'alerte.

Malgré ce lien avec une dimension spirituelle, il se trouve que la fiction post-apocalyptique se distingue nettement de l'apocalypse. Une œuvre considérée comme fondatrice de ce genre contenait déjà l'une de ces différences : *Le Dernier Homme*, de Mary Shelley, en 1815. Dans l'Apocalypse biblique, la fin du monde est une fin de tout, entraînant avec elle tout le vivant, car le destin de la planète est rattaché à celui de l'humanité. En contraste, dans *Le Dernier Homme*, alors même qu'il ne reste plus qu'un seul survivant après une peste ravageuse, la planète se porte bien. Mary Shelley évoque même une nature qui « *rit* », verdoyante.

Dans cette optique, l'essayiste Natacha Vas-Deyres, spécialiste de l'histoire de la SF, tenait à nous citer *Le Monde enfin*, une nouvelle écrite en 1975 par l'écrivain français Jean-Pierre Andrevon (et réécrite en 2006), « *mettant en scène la disparition de l'humanité et non de la faune et de la flore* ». Les apocalypses climatiques ou pandémiques, dans la SF, « *font mourir l'humanité tout en laissant intact notre environnement* ». Il y a donc une rhétorique de vulnérabilité de notre espèce, replacée comme étant une espèce parmi d'autres.

Ce n'est pas la seule innovation que l'on doit à la fiction post-apocalyptique. On le rappelait précédemment : la pensée apocalyptique pure, d'héritage religieux, est une vision périodique du monde, qui se définit par des ruptures radicales ; un monde passé qui s'efface pour l'avènement d'un autre. La pensée post-apocalyptique, quant à elle, est une pensée de changement, où la fin du monde n'est jamais totale. Prenez l'esthétique de la plupart des œuvres post-apo majeures : les ruines et le passé imprègnent le récit ainsi que l'imagerie, mais le regard est porté vers l'avenir. « *L'apocalypse insiste sur le fait qu'il n'y a pas de futur. La post-apocalypse, en revanche, spécule sur de nouveaux lendemains après la fin* », nous explique la chercheuse Monika Kaup dans un entretien en quatrième partie de ce numéro. C'est aussi ce que l'écrivaine Ketty Steward nous décrit comme une tragédie heureuse : la poésie du post-apocalyptique provient du pouvoir de se réinventer, de « *puiser dans les vestiges du passé de quoi continuer encore* ».

Le chercheur Connor Pitetti écrivait dans *Science Fiction Studies*, en 2017, que les récits post-apocalyptiques rejettent les « *concepts stabilisateurs que sont la fin du monde et la séparation radicale entre l'ancien et le nouveau monde* », et il affirme que « *de tels récits nient la possibilité de fin définitive* ». Connor Pitetti estime que le récit apocalyptique proclame que « *le monde ancien a disparu* », là où le récit post-apo se définit par « *retirer quelque chose des cendres* ».

YANNICK RUMPALA

HORS DES DÉCOMBRES DU MONDE

Maître de conférences à l'Université de Nice, Yannick Rumpala est membre de l'Équipe de Recherche sur les Mutations de l'Europe et de ses Sociétés (ERMES). Ses travaux portent notamment sur les politiques et socio-économies de la transition écologique. Pour lui, la science-fiction « *représente une façon de ressaisir le vaste enjeu du changement social et derrière lui celui de ses conséquences et de leur éventuelle maîtrise* ». Passant les récits du futur au crible de la science politique, il a publié, en 2019, *Hors des décombres du monde. Écologie, science-fiction et éthique du futur*.

Il montre, dans ce livre, combien la littérature d'anticipation peut permettre de penser éthiquement et politiquement le monde d'aujourd'hui, mais également d'apporter un imaginaire fertile pour se préparer aux mondes de demain. Pour Yannick Rumpala, la science-fiction est un « *support de connaissances* ». Qu'en est-il alors du post-apocalyptique ?

L'ENTRETIEN

Existe-t-il une leçon universelle, une quête systématique, qui unit toutes les œuvres post-effondrement ?

Ce qui est partagé, c'est au moins une perception diffuse de la fragilité du monde. Cette perception, qui peut aussi être vue comme une forme d'anxiété, vaut notamment pour les infrastructures et institutions construites par les humains. Des infrastructures qui, malgré toute la fierté placée en elles, paraissent très fragiles devant des événements catastrophiques, risquant alors de laisser ces mêmes humains dans une position très démunie. Et plus leur dépendance est grande, plus leur position se révèle difficile. Cette forme de représentation infusait déjà des œuvres qui sont presque des prototypes comme *Ravage* de René Barjavel (1943).

Si quête il y a, ce serait plutôt celle consistant à conjurer une perte de maîtrise. Après l'effondrement, c'est tout un effort qui doit être refait. On peut donc aussi voir ces fictions comme une incitation à refaire attention au monde, voire à en prendre soin pour éviter des désagréments potentiels qui risqueraient de survenir. La catastrophe, si elle est d'origine humaine, c'est l'erreur qu'il n'est plus possible de corriger, et il n'y a pas de garantie de pouvoir revenir à une situation « normale », avec le relatif confort antérieur.

Pourquoi les œuvres post-apocalyptiques sont-elles souvent le théâtre d'une violence accrue, exacerbée ?

Pour le cinéma, on pense logiquement à l'importance de la dimension spectaculaire et la série des *Mad Max* a probablement joué comme matrice imaginaire. Son esthétique a largement diffusé. Ces fictions paraissent absorber une angoisse du délitement du processus de civilisation. Comment, en effet, gérer une situation de catastrophe générale en l'absence d'institutions ? C'est la crainte que ne se révèle alors une part de la nature humaine dans ce qu'elle a de moins glorieux. Comme dans le film coréen *Dernier train pour Busan*, par contraste avec d'autres comportements plus solidaires, la situation révèle par exemple le cynisme individualiste du chef d'entreprise habituellement polissé, mais qui semble prêt à tout face à la peur de devenir un zombie. Cette violence n'est pas forcément une violence physique, d'ailleurs, mais le recours à toutes les formes possibles de manipulation. Le retour d'une obligation de survie met fin à l'euphémisation des rapports de force. Dans ce type de situation, c'est le plus adapté (et pas forcément le plus costaud) qui est souvent supposé pouvoir l'emporter.

D'une certaine manière, ce type de représentations vient aussi comme une espèce d'écho de l'époque en métaphorisant la compétition en univers néolibéral. C'est pour ce type de raison que les producteurs de ces œuvres ont aussi une responsabilité : quels types de rapports sociaux donnent-ils à voir dans ces mondes d'après ? Un retour inévitable de la lutte de tous contre tous ? Ou l'esquisse de nouvelles formes de solidarités, libérées du système antérieur ?

Paradoxalement, les plus grandes œuvres post-apo se définissent souvent par une narration où des liens humains forts se créent malgré ce contexte. Derrière l'horreur de ces scénarios, se cache-t-il au fond un message d'espoir ?

Vivre dans des ruines n'est supportable que s'il y a l'espoir de pouvoir reconstruire. Ce qui est effectivement intéressant à regarder et à analyser, c'est la part qui est laissée à cet espoir et la forme qui lui est donnée. Une force de l'humain est de faire face à l'adversité : c'est la démonstration d'une pulsion de vie, même dans des situations extrêmes. Comme souvent, les survivants doivent donner un sens à leur survie. Métaphoriquement, c'est par exemple recréer du lien social en essayant de rejouer un rôle d'employé des postes, comme dans le roman *Le Facteur*, de l'écrivain américain David Brin. S'il y a retour à une espèce d'état de nature non choisi, celui-ci laisserait ainsi espérer la possibilité d'un nouveau « contrat social ».

L'ambiguïté latente tient toutefois là au poids de la figure héroïsante qui, dans ces fictions, tend souvent à mettre en avant des individus qui finissent par paraître dotés de qualités particulières et dont l'intervention a des allures providentielles. Pour les fictions qui dépassent ce schéma (qui est souvent celui des blockbusters hollywoodiens), un aspect plus intéressant, à mon sens, est de voir quel type de groupe ou de collectif se reconstitue, et sur quelles bases. Tout ce qui relève du pouvoir, de la domination, etc., peut-il vraiment disparaître ? Rarement dans ce type d'imaginaire, en tout cas.

Tout monde post-apocalyptique naît d'une apocalypse. Comment la notion de fin du monde a-t-elle évolué avec le temps et quelle est celle qui domine aujourd'hui ?

Dans ces représentations, la causalité apparaît de moins en moins exogène. Plus souvent, ce sont les humains et certaines de leurs dérives qui paraissent responsables. Ces représentations ont logiquement évolué au gré des menaces environnementales, évolutions technologiques, etc. Plus les nouvelles technologies ont un potentiel de transformation du monde, plus elles sont susceptibles d'en rajouter dans les angoisses. Guère étonnant donc que, dans l'imaginaire récent, se diffusent des peurs liées aux biotechnologies et aux manipulations génétiques, au changement climatique, aux intelligences artificielles... De ce point de vue, l'apocalypse, c'est la défaite des humains face à ce qu'ils ont créé. Et défaite qui peut amener celles et ceux qui restent à subir longtemps les conséquences. Être continuellement chassé(e)s par des robots tueurs impitoyables, comme dans l'épisode *Metalhead* de la saison 4 de la série *Black Mirror*, pour prendre un exemple (esthétiquement très travaillé) où le moment post-apocalyptique est assimilé à un possible règne des machines.

La représentation est dans ce cas presque plus inquiétante que les classiques *Terminator* au cinéma, puisque le robot n'a plus forme humaine, mais animale, et qu'on ne sait pas très bien ce qui l'anime, hormis sa programmation à tuer, comme si les explications avaient disparu dans les limbes du passé. Le registre (post-)apocalyptique est un terreau propice pour absorber tous ces risques existentiels que peut craindre l'humanité. Ce qui peut même rendre ces menaces plus inquiétantes, c'est qu'elles ne sont pas d'emblée globales. Ce peut être un virus émergeant quelque part pour ensuite avoir des effets globaux dévastateurs. Le réservoir de fictions pourrait presque servir à faire une étude comparative sur les types de stratégies envisageables pour faire face (ou pas) à une situation épidémique comme celle survenue récemment.

Comment analysez-vous le renouveau actuel du genre, étant donné qu'il est devenu plus présent que jamais dans nos représentations actuelles ?

Dans une analyse à la Fredric Jameson, on peut voir le phénomène comme une espèce de retour du refoulé : le réaffleurement d'un désir inconscient de chercher une échappatoire au système actuellement dominant, mais sans savoir comment construire une alternative. Alors, à défaut, on casse tout : symboliquement…

Cet imaginaire traduit aussi comme un pressentiment qui peine à être clairement ou complètement formulé, celui d'un futur qui est en train d'être préparé, et pas dans sa version la meilleure. Comme une anxiété qui chercherait à s'exprimer… La fin du monde, ou plus exactement la fin de cette civilisation, quitte le registre des hypothèses farfelues pour acquérir une certaine forme de « réalisme » et pour entrer dans des représentations qui paraissent avoir un certain degré de crédibilité.

Un aspect que je trouve de plus en plus gênant relève de l'exploitation d'un filon commercial, notamment au cinéma ou dans les séries télévisées. Quand la mise en scène glisse vers le *disaster porn*, on a parfois l'impression que perce une jouissance nihiliste. Mais peut-on manier les symboles impunément ? J'ai d'ailleurs été frappé, mais guère surpris, de voir rapidement apparaître, dans le récent épisode de la Covid-19, l'espèce de thèse complotiste d'un virus manipulé et échappé ou libéré d'un laboratoire plus ou moins secret, ce qui est en fait une base de scénario assez fréquente dans l'imaginaire (post-)apocalyptique, comme dans *L'Armée des douze singes* ou *28 Jours plus tard* au cinéma ou dans le roman de Stephen King, *Le Fléau*.

D'un point de vue historique et politique, l'effondrement est-il en soi nécessaire au renouveau total d'une société ?

Il y a un aspect paradoxal à penser ou imaginer que l'effondrement soit la seule voie pour sortir d'un système pathologique ou problématique. Comme s'il fallait passer par la souffrance et la douleur pour espérer une amélioration…

Du passé, on ne fait jamais table rase, de toute manière. Dans ce qui est mis en scène, ce qui est intéressant à regarder, c'est ce qu'il reste du monde d'avant et comment ce restant est réutilisé. De même, les humains qui subsistent ne sont jamais des humains complètement nouveaux : ils ont leur passé, les valeurs qu'ils avaient auparavant, etc. Les hiérarchies sociales sont-elles vraiment chamboulées ? Potentiellement (comme s'en vante le personnage d'Aunty Entity, joué par Tina Turner dans *Mad Max 3 Beyond Thunderdome*), mais pas forcément. Dans les premiers épisodes de la série télévisée *Battlestar Galactica*, après l'holocauste nucléaire perpétré par les Cylons, les protagonistes représentant ce qu'il reste des anciennes autorités (politiques et militaires notamment) dépensent beaucoup d'énergie pour savoir quel système de gouvernement ou de commandement doit prévaloir. Et l'on n'est finalement guère surpris de voir reconduit une espèce de décalque du modèle censé représenter la quintessence de la démocratie américaine.

Même en remettant les compteurs à zéro, le propre des collectifs humains reste d'avoir des choix à faire. Comme les styles de vie antérieurs ne sont plus accessibles, ce type de mise en scène est en effet une occasion de rouvrir un espace des possibles. Mais cet espace n'apparaît jamais dénué de contraintes et c'est la variété des jeux concevables entre les potentialités renouvelées et ces contraintes qui peut être fascinante à observer. Le plus souvent, la technologie n'est plus à disposition pour aider, ou alors, il faut revenir à des solutions *low tech*. Regarder ce qui suit ces effondrements ou ces apocalypses, c'est en un sens pouvoir observer un retour (obligé) à l'expérimentation.

NATACHA VAS-DEYRES

LE POST-APO EN FRANCE

La littérature française est riche en récits post-apocalyptiques. « *Les hommes ont libéré les forces terribles que la nature tenait enfermées avec précaution. Ils ont cru s'en rendre maîtres. Ils ont nommé cela le Progrès* », écrit René Barjavel dans *Ravage*, publié en 1943. Dans ce roman, la fin du monde commence en 2052, dans un futur régi par la technologie et la robotique. Une panne électrique totale plonge brutalement la civilisation dans le noir… et dans le chaos de la ruine et de la sauvagerie humaine, pendant que la nature reprend peu à peu sa place. Un groupe de survivants, mené par François et Blanche, prône la création d'une nouvelle société basée sur une forme de retour à la terre.

Encore au XXIe siècle, la science-fiction française est riche dans ce genre : des auteurs et autrices comme Pierre Bordage, Estelle Faye, Jean-Marc Ligny y œuvrent.

Quelles sont les caractéristiques de la SF post-apocalyptique française ? C'est la question que nous avons posée à Natacha Vas-Deyres, docteure en littérature française, essayiste spécialiste de la science-fiction française et de ses formes utopiques. On lui doit des ouvrages tels que *Ces Français qui ont écrit demain. Utopie, anticipation et science-fiction au XXe siècle*.

L'ENTRETIEN

De Robert Merle et René Barjavel, à aujourd'hui Estelle Faye, Jean-Marc Ligny, Pierre Bordage... existe-t-il des particularités à la littérature post-apo française ?

Tant dans la protoscience-fiction (premier état de la SF, de la seconde moitié du XIXe siècle aux années 1930 en France) que dans la science-fiction à partir des années 1950, cette thématique est foisonnante et explore, comme l'ensemble de la SF française – dont la caractéristique principale est d'être souvent politisée – les intrigues propices à l'analyse sociale, ou sociétale. Cela a donné lieu à des œuvres classiques telles que *Ravage* (Barjavel), *Niourk* (Stefan Wul) ou encore *Malevil* (Robert Merle). Cette thématique s'enracine dans une tradition de l'imaginaire remontant au XIXe siècle et à d'autres mouvements littéraires tels le Romantisme avec le thème des ruines de Paris ; et elle a inspiré des traitements narratifs variés en dehors du champ de la SF avec Antoine Volodine, Michel Houellebecq ou Marc Dugain pour ne citer que les plus connus.

Y a-t-il de grandes tendances qui se dégagent dans l'évolution de la littérature SF post-apocalyptique en France ?

De grandes perspectives dessinent effectivement les lignes de force de la littérature post-apocalyptique en France. À partir de la seconde moitié du XIXe siècle, Paris est le centre culturel du Second Empire. De nombreux écrivains prennent plaisir à présenter la Ville Lumière en ruines, projetant le lecteur dans plusieurs centaines d'années pour élaborer une sorte d'archéologie du futur. Ainsi, les Parisiens survivants à l'apocalypse ont pu s'organiser en micro-société utopique dans *L'An 5865*, d'Hippolyte Mettais (1865) ou en troglodytes vivant sous le Métropolitain dans *Une expédition polaire aux ruines de Paris*, d'Octave Béliard (1911), et nous pourrions encore citer *Les Ruines de Paris* de Joseph Méry (1852) ou encore

Pierre Véron pour *Déluge à Paris* (1852). À noter que l'écrivaine Estelle Faye, en prenant pour décor un Paris post-apocalyptique, noyé sous les inondations dans *Un Reflet de Lune*, s'inscrit dans l'héritage de cette première perspective.

Un second mouvement se crée au lendemain de la Première Guerre mondiale : le traumatisme engendré par la guerre des tranchées et la mort de masse industrialisée ont un impact sur les représentations littéraires et l'imaginaire collectif : les auteurs déploient une inventivité sans limites, se servant des dernières découvertes de la science, pour mettre en scène des apocalypses non plus naturelles comme dans *La Fin du monde* de Camille Flammarion en 1894 ou *La Mort de la Terre* de Rosny aîné en 1910, mais totalement élaborées par l'humain : *Les Hommes frénétiques* d'Ernest Pérochon (1925) *Quinzinzinzili* de Régis Messac (1934) ou encore *La Fin d'Illa* de José Moselli (1925) préfigurent l'apocalypse nucléaire par l'invention de bombes pouvant tuer plusieurs millions de personnes.

Une même dynamique de création relie ces auteurs, caractérisés par une science-fiction ironique voire sarcastique : leurs romans suent la peur de la science, l'anéantissement de l'intellectuel, de l'individu appartenant à la bourgeoisie libérale face à la montée d'une société de masse. René Barjavel dans *Ravage* (1943) ou *Le Diable l'emporte* (1948) est l'héritier de ces auteurs de l'entre-deux-guerres. Dans ces romans post-apocalyptiques, la ville devient le creuset des erreurs et perversions ayant conduit à une barbarie mondiale menant à l'échec des survivants qui s'entredéchirent pour s'alimenter. Une troisième perspective peut être envisagée à partir de 1945 : la terreur du nucléaire intègre les préoccupations écologistes, les unes se tissant avec les autres, aussi bien en littérature qu'au cinéma par ailleurs.

L'apocalypse est perçue comme résultant d'un engrenage politique ou scientifique fatal, l'humain ayant abandonné tout sens moral (ou simple bon sens) face au progrès technologique. C'est le message porté par Jean-Luc Godard dans *Nouveau Monde* (1963) où une explosion atomique a lieu à 120 km au-dessus de Paris et a une conséquence sur les personnages qui semblent lobotomisés, déshumanisés. C'est également la vision prédominante dans *La Jetée* de Chris Marker, un film-diaporama de vingt-huit minutes réalisé en 1962, montrant un Paris post Troisième Guerre mondiale, étouffant sous un nuage radioactif. En 1972, *Malevil* de Robert Merle est bien la fictionnalisation de l'ère nucléaire, un tournant irréversible dans l'éradication de l'espèce humaine et de son écosystème. Pour Robert Merle, il ne s'agit pas d'être pessimiste, mais d'envisager un avenir qui n'a rien d'improbable. Julia Verlanger dans *L'Autoroute sauvage* en 1973 installe ses héros dans un monde barbare, cannibale et pourtant espérant.

Enfin, et pour ouvrir sur notre brûlante actualité, le post-apocalyptique contemporain se projette dans la mort de l'humanité via une pandémie, comme Jean-Pierre Andrevon dans *Le Monde enfin* en 2006 ou la mort « genrée » virale, celle des hommes dans *Les Hommes protégés* de Robert Merle en 1974 ou des femmes dans *Le Premier siècle après Béatrice* d'Amin Maalouf en 1992.

Vous affirmez parfois que la SF reflète les peurs, les espoirs et les questionnements fondamentaux de l'humanité. Qu'est-ce que le fleurissement actuel des œuvres post-apo révèle de notre société contemporaine?

Dans l'histoire des apocalypses fictionnelles, un thème très plastique s'adaptant à tous les contextes historiques comme nous venons de le voir, la pandémie apparaît désormais comme une catastrophe plausible et terrifiante qui rejoint notre réel, sonnant comme un avertissement biblique des péchés de notre civilisation industrielle envers la nature.

Avec la Covid-19, nous sommes entrés dans « un temps de science-fiction », comme si nous avions pénétré sur les terres interdites de l'apocalypse, comme si nous touchions du doigt la réalité de notre fragilité en tant qu'espèce. Cette porosité entre fiction et réalité s'exprime via les représentations littéraires ou cinématographiques : nous sommes entre deux mondes sur le fil de décisions dont dépendra notre avenir. Cette « urgence » de la société contemporaine fait osciller l'inventivité post-apocalyptique entre effondrement et espérance. Jean-Marc Ligny dans *Exodes* s'attache ainsi à décrire une faune et une flore crédible, liées aux évolutions du climat, décrivant une nature terrifiante car devenue un poison pour l'humanité. Il a été aidé par Valérie Masson-Delmotte, paléoclimatologue spécialiste du Groenland et membre du GIEC, afin de faire de son roman, dans une démarche presque naturaliste, un lieu d'expérimentation fictionnelle de l'évolution du climat.

Si la littérature post-apocalyptique est la chronique d'une catastrophe annoncée, elle se veut également une lanceuse d'alerte : annihilant l'avenir, tournée vers le passé, elle devient l'expression de notre condition d'être post-humain, pris dans le risque technologique, politique ou social, car en terres d'apocalypse le vernis civilisationnel s'est effondré, laissant souvent la place à une fragmentation de l'ordre social vers un retour à la structure tribale et à la loi du plus fort.

Le post-apo est souvent rapproché de la dystopie pour son côté chaotique, mais le genre aurait-il aussi des liens avec l'utopie ?

Si nous intégrons le post-apo dans le champ de l'utopie, il faut bien préciser qu'il s'agirait dès lors d'une utopie régressive, telle que l'écrivain et critique Pierre Versins a pu la définir dans son *Encyclopédie de l'utopie, des Voyages extraordinaires et de la science-fiction*. Le point commun de ces œuvres romanesques est bien de proposer, récusant la modernité sous la forme d'un cataclysme technologique, un autre espace utopique créé par la vacance et la disparition de la société technologique : un microcosme utopique fondé sur des valeurs jugées stables, celles des sociétés traditionnelles.

Ces utopies sont « régressives », car elles reviennent à un ordre antérieur jugé dépassé par les sociétés industrielles et scientifiques. C'est un regard tourné vers l'arrière, le passé, les origines, l'identité.

À cette vision rétrospective correspond l'utopie régressive du Paradis perdu, de l'Âge d'or, d'une Nature bienfaitrice ; du côté de l'impulsion dynamique, le futur, l'altérité. Le point commun de toutes ces « utopies régressives », c'est que leur réalisation, forcée ou non, pour des survivants qui n'ont guère le choix, s'impose après la destruction totale du monde par l'explosion d'une arme nucléaire ou autre.

La donnée science-fictionnelle de ces récits tient à l'assimilation de la volonté divine et de la volonté humaine. Or les destructions globales dans les récits apocalyptiques sont considérées comme des jugements derniers, du moins par le regard observateur des survivants. Un parallèle avec les courants millénaristes trouve ici une certaine pertinence : construit par référence au « millénium », le millénarisme constitue une des formes les plus empruntées par les courants eschatologiques chrétiens. Ces derniers opposent un temps de destruction, de malheurs et de chute ici et maintenant, à un temps de repos, de bonheur et de paix dans un futur dont il s'agit de précipiter l'avènement sur Terre. Cette vision de l'utopie régressive fut explorée par Régis Messac dans *Quinzinzinzili* où un groupe d'enfants inventent un nouveau dieu en abolissant toute civilisation.

Dans *Ravage* et *Malevil*, ce sont les leaders survivants, François Deschamps et Emmanuel Comte, qui prônent un retour à une vie simple et agraire ; la nouvelle de Julia Verlanger, *Le Mal de Dieu*, s'inscrit dans une dimension religieuse par l'avènement d'une figure d'un sauveur charismatique. C'est aussi une caractéristique forte de la littérature post-apocalyptique en France.

KETTY STEWARD

DES RÉCITS DEPUIS LA MARGE

« *J'ai baigné dans la religion* », expliquait Ketty Steward au sujet de son enfance, lors d'une conférence donnée en 2019. « *L'apocalypse, je connaissais par cœur. (...) Et maintenant, j'écris de la science-fiction.* » Cette écrivaine française est à l'origine de multiples nouvelles, poésies et romans s'inscrivant dans les littératures de l'imaginaire. Son premier ouvrage post-apocalyptique se nomme *L'Évangile selon Myriam* (Mnémos). « *Vers quoi tendons-nous qui puisse se formuler ? Quelle est la fin de nos tribulations, qui sera aussi leur achèvement, le dessein de notre voyage ?* », s'y interroge l'héroïne.

Comme elle l'explique, Ketty Steward est passée, en trente ans, d'une enfant se préparant à l'apocalypse à une écrivaine de science-fiction et, dorénavant, de post-apocalyptique. Ce parcours explique peut-être pourquoi elle s'est intéressée à la question d'actualité que sont les discours sur l'effondrement. Dans un article publié dans *Multitudes* en 2019, elle appelle à repenser ce sujet « *vu d'en bas* ».

Qu'en est-il, en effet, de toutes les populations qui ont déjà connu un effondrement ? « *Ceux pour qui l'arrivée de la Civilisation avec un grand C et un appétit insatiable de pétrole, d'or, de sucre, de bananes, de coton, de café, etc., était déjà synonyme d'apocalypse. Fin du monde, fin de leur monde* », écrit-elle. « *Ce sont aussi ceux qui, à titre individuel, ont déjà touché le fond. Internés, inadaptés, sans abris, pauvres, avec ou sans emploi... Ceux qui ont depuis tellement longtemps l'impression de devoir lutter pour survivre et de constamment devoir "faire avec".* » Et si les débats sur la fin du monde étaient finalement une occasion de changer d'angle et d'échelle ? Et si c'était aussi un tel changement de perspective que pouvait apporter la SF avec les mondes post-apocalyptiques ?

L'ENTRETIEN

L'apocalypse est présente dans la plupart des religions. Avec le « post-apo », à quel point la science-fiction a-t-elle transfiguré l'apocalypse ?

Il me semble que la fin du monde des religions est conçue pour être véritablement une fin. Dans l'église millénariste au sein de laquelle j'ai grandi, par exemple, on attendait ce moment comme le point final à la vie telle que nous la connaissions. Un récit de fin, Apocalypse grandiose pour faire écho à la Genèse et boucler la boucle, mettre fin au temps humain qui s'immisce entre une éternité et une autre. Nous attendions le règne de Dieu au ciel, puis de nouveau sur la terre purifiée et seuls devaient rester des humains transfigurés, figés dans une perfection enfin atteinte. Avec le post-apo, ce qu'on voit c'est l'espoir de survivre à une catastrophe, même très mal et avec toutes nos imperfections.

C'est un refus presque blasphématoire de la fin, comme pourraient l'être les zombies face à la mort : notre monde est tout cassé, mais nous sommes encore là avec un espoir de survie et des aventures qui valent la peine d'être racontées.

Même si ces récits se déroulent après la fin du monde, il s'en dégage un certain charme. D'où provient ce puissant sentiment poétique dans ces œuvres, picturales ou littéraires ?

De l'espoir, sans doute. C'est comme si on acceptait la fatalité de la destruction du monde tout en refusant de baisser la tête et de quitter le jeu. Comme si on disait « Ok, on a fait n'importe quoi, on veut bien en subir les conséquences, mais... », et dans ce « mais » réside du pouvoir, celui de se réinventer, de s'adapter au pire, de puiser dans les vestiges du passé de quoi continuer encore. C'est de la tragédie heureuse, comme une herbe résistante qui pousserait sur les ruines et ça peut avoir son charme, en effet. C'est quelque chose que connaissent les survivants, en général. Cet émerveillement de constater que, malgré tout, nous sommes encore là.

Dans les mondes post-apo, il n'y a souvent plus d'États, peu d'enjeux régionaux, nationaux, encore moins d'échanges internationaux. Il y a des communautés locales, des personnages qui voyagent par petits groupes. Cette littérature invite-t-elle à un changement d'échelle ?

Je ne sais pas si le post-apocalyptique invite à quoi que ce soit. Je considère cette littérature comme une expérience de pensée qui porte sur la perte de ce à quoi nous tenions, mais aussi sur la fin de ce qui nous fait peur, comme la mondialisation et l'idée que l'on pourrait se dissoudre dans un tout indistinct. L'échelle du groupe est intéressante parce qu'elle correspond davantage aux interactions quotidiennes d'un être humain. Sa famille, son village, son quartier. C'est sans doute moins anxiogène et presque plus confortable de pouvoir imaginer des solutions pour 1 personne, 3 personnes, 12 personnes, que de se confronter à cette échelle mondiale si complexe et si écrasante. Pour autant, le post-apo n'a pas effacé les autres genres et, heureusement, il est encore possible de réfléchir à différentes échelles et suivant différentes grilles de lecture non exclusives.

Pourquoi avez-vous décidé de consacrer un article entier, dans *Multitudes*, à l'effondrement ?

Cet article est le passage à l'écrit d'une intervention orale à l'occasion d'un échange avec Laurence Allard, Catherine Dufour et Ariel Kyrou. J'y faisais le constat que la collapsologie, bien que s'appuyant sur des données scientifiques, apparaissait comme une construction particulière, une organisation de différents éléments en un récit occidentalo-centré et, à mon sens inopérant. Dire « on va droit dans le mur » me semblait surtout une façon de dire « nous les blancs riches, nous nous apercevons que, cette fois, rien ne nous sauvera de l'enfer que nous fabriquons pour les autres depuis si longtemps, arrêtez tout ! ».

Quand je dis que le récit de l'effondrement n'est pas opérant, j'entends par là que comme mode d'accès au monde, il est assez bancal. Sa prétention à l'objectivité et à l'universalité est mensongère, car c'est un récit qui ne concerne qu'une partie de l'Occident. Il met en scène une peur justifiée, mais ne laisse pas beaucoup de marge d'action, ni de place à d'autres voix. Il ne propose pas non plus de véritable alternative et flirte volontiers avec des courants de pensée néospirituels. C'est à mon sens un mouvement qui se rapproche davantage de l'apocalypse religieuse que d'une histoire post-apocalyptique.

Vous écrivez que le travail de l'écrivaine Octavia Butler est particulièrement pertinent à notre époque dans « un monde qui se découvre fini ». Quel est l'apport de son travail face aux réflexions actuelles sur l'effondrement telles que la collapsologie ?

Octavia Butler, femme noire américaine, fait partie de ceux qui ont pu avoir un avant-goût de l'enfer : vivre dans un monde fait sur mesure pour d'autres. Quelque chose comme marcher dans des bottes trop petites... Il me semble que cette expérience de la marge et des combats qu'elle a dû mener pour exister à sa façon et créer ce qui lui plaisait constituent le plancher solide de son œuvre.

Comme tous les écrivains, elle écrit depuis ce qu'elle est, ce qu'elle vit et ressent, mais contrairement à beaucoup de ceux qu'on nous vend, elle le fait depuis la marge, ce qui peut apporter un regard, hélas inhabituel. Et bien sûr, elle va au-delà grâce à son imagination. Ce que j'explique aussi dans mon article, c'est que la fin du monde a déjà eu lieu pour certains. Que reste-t-il, par exemple, des civilisations piétinées par un Occident avide d'or, de métaux rares, de denrées exotiques? Octavia Butler et tant d'autres à qui on n'a pas l'habitude de donner la parole, savent quelque chose de l'horreur qui vient. Encore faut-il les entendre !

L'œuvre d'Octavia Butler est décrite par Jim Miller comme « *un espoir post-apocalyptique éclairé par les leçons du passé* ». Trouvez-vous aussi une forme de littérature de solutions dans l'approche de Butler, avec des pistes et des propositions ?

Je pense qu'il ne faut pas aller chercher du prêt-à-consommer dans les travaux de tel ou tel. Plutôt s'inspirer d'une façon de penser. J'ai vu des gens réaliser soudain qu'il fallait renouveler nos imaginaires et se précipiter vers d'autres cultures pour espérer piller leurs récits, en plus du reste.

L'approche de Butler, pour moi, présente un intérêt majeur. Elle part de ce qu'elle est et elle pense pour le monde, en creusant des thèmes qui sont les siens : l'empathie et la philosophie dans les *Paraboles*. Des questionnements sur l'altérité et l'hybridation dans *Xenogenesis*, le pouvoir et la domination, dans la série du *Motif*... Or, ce qu'elle est, comme je le disais, c'est quelqu'un qui parle depuis la marge. Une de celles que l'on n'imagine pas comme personnage principal d'un récit classique de SF où il s'agit de se représenter l'humanité et de la sauver. Ce renversement-là, qui a inspiré le *Cycle Afrocyberféminismes* également mentionné dans mon article, me semble une bonne piste si on cherche des solutions.

On ne pense plus le monde depuis le centre, en demandant à la marge de suivre (ça ne marche pas et on a vu où ça nous mène), mais on fait dès le départ avec la marge en partant du principe que ce qui en prend soin prendra aussi soin du centre. Une telle démarche demanderait que ceux qu'on voit et qu'on entend le plus laissent un peu de place aux autres. Je crois que, malheureusement, ça leur paraît plus facile de piller et d'essayer de copier superficiellement la marge.

Dans *La Parabole des Talents* d'Octavia Butler, le personnage explique que l'apocalypse était « *la conséquence de notre refus d'apporter en temps voulu une solution aux problèmes qui nous crevaient les yeux, dans chacun des domaines concernés* ». Le propre de la SF, y compris post-apocalyptique, est-il de nous ouvrir les yeux sur des dysfonctions bien actuelles ?

Je pense qu'un des rôles des écrivains, y compris de science-fiction, est de mettre à jour les récits non dits qui organisent le monde dans lequel nous vivons. Un autre est de proposer des récits alternatifs. On remplit plus facilement la première mission.

La deuxième demande une capacité à prendre du recul, à se décoller des situations parfois paralysantes où nous nous trouvons, au même titre que nos contemporains. Ça peut paraître titanesque de proposer des alternatives, mais je pense que la simple possibilité de changer d'angle sur des récits déjà connus est quelque chose qui peut contribuer à renouveler nos regards et nos façons de penser.

C'est ce que j'avais en tête quand j'ai écrit *L'Évangile selon Myriam* : un texte dont le cadre est clairement post-apocalyptique. Myriam est une adolescente, membre un peu à part d'une communauté religieuse qui se cache hors des villes. Sa mission est d'écrire un livre sacré pour aider à la cohésion du groupe. Comme dans tout post-apo, elle s'appuie sur les vestiges de nos sociétés et construit de bric et de broc un livre sur La Vérité, dans lequel se côtoient des versions plus ou moins fidèles de contes, de récits bibliques et autres mythes.

Je pense que le regard que le post-apo nous permet de poser sur notre passé et notre présent réduits en ruine permet un décentrement de certaines questions, une relecture de ce que nous faisons. C'est un des moyens dont nous disposons, il me semble, pour nous réinventer, à condition de ne pas tomber, en tant que créateurs, dans le piège de la dystopie sans espoir qui, pour moi, n'apporte pas grand chose. En croyant avertir et faire peur, on provoque parfois une habituation au pire, tout en empêchant les possibilités d'action.

MANOUK BORZAKIAN
GÉOGRAPHIE DES RUINES

Dans toute œuvre post-apocalyptique, le bouleversement est spatialisé. La géographie du monde change. Cela se traduit d'abord par une culture du *road trip* inhérente à ces récits. Les personnages, dans un monde qui ne semble plus avoir de sens, se mettent en mouvement pour accomplir une quête initiatique, parcourant les ruines et l'environnement alentour avec un but vague ou identifié.

Les routes ont leur importance dans le genre, ce qui se perçoit également sur le plan esthétique : l'image iconique de *The Walking Dead* est celle du héros, seul, parcourant à dos de cheval une route à double sens – vide d'un côté, criblée de voitures abandonnées de l'autre. Plus largement, la fin d'une société, dans le chaos ou par l'effondrement, provoque un remaniement spatial total. Les villes ne sont plus des sanctuaires organisés, l'espace urbain et l'espace naturel se confondent au gré des ruines d'édifices humains. En parallèle, des petits îlots collectifs émergent, souvent barricadés pour se protéger de diverses menaces, et habités par quelques dizaines de personnes qui tentent de recréer une vie en société.

Dans son ouvrage *Géographie zombie, les ruines du capitalisme*, le géographe Manouk Borzakian s'est penché sur comment le cinéma post-apocalyptique intègre la perception moderne de nos habitats, dont découlent des enjeux politiques tels que notre rapport à autrui.

Dans votre ouvrage, vous dissociez la fiction post-apocalyptique de la fiction western. Quelle est la différence majeure dans l'approche de l'espace urbain et environnemental ?

Il faut se méfier des oppositions binaires : il y a mille variations au sein des westerns et au sein des fictions post-apocalyptiques. Cela dit, si l'on prend les « grands » westerns de la période classique, disons des années 1940 et 1950, un thème central est la conquête de l'espace nord-américain. Dans des films comme *La Poursuite infernale* de John Ford (1946), *La Rivière rouge* de Howard Hawks (1948) ou même, dans un style différent, *Il était une fois dans l'Ouest* de Sergio Leone (1968), et plus largement dans tous les films où il est question de caravane, de terre promise et d'Indiens, on est entièrement ou en partie dans le registre de l'épopée.

Les personnages sont des archétypes, qui participent à une aventure gigantesque qui les dépasse : l'avancée de la civilisation. Le « peuple élu » apprivoise un espace sauvage, transformé progressivement en territoire (national) : mise en valeur de la terre, chemins de fer parcourant le continent, diffusion d'une justice institutionnelle, etc. Il y a déjà une forme de pessimisme dans les westerns du Nouvel Hollywood, ceux de Sam Peckinpah par exemple, mais sans remise en question du mouvement de conquête, perçu comme une tache d'huile se répandant et éliminant progressivement la *wilderness* [nature sauvage].

L'intéressant dans le cinéma post-apocalyptique, c'est l'inversion radicale de ce schéma. Comme si le territoire se résorbait dans une sorte de mouvement de « dé-conquête » : la civilisation recule, laisse des ruines derrière elle, se réfugie dans des espaces confinés. Les forts militaires qui parsemaient le territoire nord-américain étaient isolés, à la merci d'attaques indiennes, mais n'en étaient pas moins des avant-postes destinés à disparaître une fois la conquête achevée. Dans le cinéma post-apocalyptique, les lieux où se barricadent les protagonistes ne sont pas des avant-postes, mais des poches de résistance dont on sait qu'elles ont peu de chances de tenir. En résumé, l'environnement hostile, mais en passe d'être maîtrisé par la société, est devenu un environnement hostile prêt à engloutir toute trace de civilisation. Le philosophe Éric Dufour voit dans les films de zombies une mise en scène de l'effondrement de l'état social et du retour à l'état de nature. C'est très juste mais je pense que c'est encore plus que cela : c'est tout un rapport au monde qui est bouleversé.

Le premier épisode de *The Walking Dead* contient l'image iconique de cette série : le héros seul sur un cheval parcourant une route déserte, longeant des voitures abandonnées. Si l'on prend aussi *La Route*, *Je suis une légende*, *Mad Max*, le jeu *The Last of Us*, toutes ces œuvres sont aussi des *road movies*. Quelle est votre vision de géographe sur cette omniprésence de la route dans le genre post-apo ?

Je n'ai pas étudié de près toutes les œuvres que vous citez. Mais j'ai travaillé récemment (pour un ouvrage collectif chez Playlist Society) sur le premier *Mad Max*, de George Miller (1979), et les liens avec les films de zombies sont évidents quant au traitement de l'espace, en particulier de la route. Là aussi, on peut parler d'une inversion par rapport aux *road movies* emblématiques. Dans des films comme *Bonnie and Clyde* d'Arthur Penn (1967) ou *Easy Rider* de Dennis Hopper (1969), la route est le lieu de la rébellion – politique, philosophique, sociale.

Prendre la route, c'est échapper à la sclérose d'une société bourgeoise conservatrice, avec ses valeurs de travail et de famille. La société est stable, avec des rôles et des lieux attribués aux individus, la route est un moyen de se mettre en mouvement en opposition avec cette stabilité, cette torpeur collective. Plus largement, la route est un outil de reconfiguration de l'espace. Il y a une belle phrase du géographe Éric Dardel : la route « *défait l'espace pour le refaire* ». On s'échappe mais on (re)construit quelque chose par

Jaquette de la saison 1 de *The Walking Dead*.
(Image : AMC)

le mouvement. Même si ça se termine mal – ce qui est souvent le cas dans les *road movies*, où la société rattrape, d'une manière ou d'une autre, les fuyard·e·s –, la fuite a créé un horizon nouveau, une perspective, une forme d'émancipation par l'espace.

Et puis il y a les années 1970 et 1980 : en Amérique du Nord et en Europe, la fin du modèle de production fordiste s'accompagne du renouveau intellectuel et politique du libéralisme économique (le néolibéralisme) et la victoire de l'ordre bourgeois contre les mouvements d'émancipation. De ce point de vue, *La Nuit des morts-vivants* de George Romero, qui date de 1968, a des allures visionnaires : le film met en scène les fractures de la société nord-américaine dans une ferme attaquée par des zombies et se conclut sur une note terriblement pessimiste. Dix ans plus tard, dans *Zombie*, les jeux sont faits : pour Romero, la société de consommation, qui est aussi une société raciste et sexiste, a gagné.

Dans un monde pareil, on ne prend plus la route pour échapper à l'ennui et à l'oppression – même si quelques films continuent à perpétuer ce mythe, comme *Thelma et Louise* (Ridley Scott, 1991). On se retrouve sur la route par inertie et sans savoir où l'on va, si ce n'est dans le prochain refuge qui se présentera. C'est un monde instable, où règne le chacun pour soi et où les institutions assurant une forme de solidarité ont disparu. C'est le thème de *La Route* de John Hillcoat (2009), c'est déjà celui du deuxième volet de la saga *Mad Max*, sorti en 1981, et de nombreux films de zombies : les routes ne mènent plus nulle part.

De la petite communauté autonome retranchée, aux grands espaces extérieurs remplis de dangers (zombies, groupes violents, animaux), comment les mondes post-apocalyptiques renouvellent-ils notre façon d'« habiter le monde » ?

L'idée principale de mon livre – je crois – c'est l'instabilité. Ce n'est pas une idée nouvelle : plein de gens ont théorisé ça d'un point de vue souvent critique, en parlant de « postmodernité » (Jean-François Lyotard, Fredric Jameson), de « surmodernité »

(Marc Augé) ou de « modernité liquide » (Zygmunt Bauman). Dans tous les cas, il ressort que nous vivons dans un monde où règne une incertitude touchant de nombreuses dimensions de la vie – le temps, l'espace, l'identité, les structures sociales. Nous avons du mal à nous situer individuellement et collectivement et nous devons nous adapter en permanence à une réalité mouvante. En quelque sorte, le monde ne répond plus. C'est ce dont rendent compte les films de zombies, dans lesquels les personnages affrontent un danger diffus, insituable, changeant.

J'ai parlé, en mettant l'accent sur la dimension géographique du phénomène, de « déficit de lieux » : dans les films de zombies ou dans la saga *Mad Max*, il n'y a plus, ou presque plus, de lieux, c'est-à-dire de portions d'espace qui ont du sens symboliquement et pratiquement. À la place, il y a une étendue indéfinie – c'est le contraire d'un territoire : on retombe sur l'opposition au western. Ici et là, on trouve des traces de lieux disparus, qui ont perdu leur sens – par exemple, le commissariat du premier *Mad Max* est jonché de détritus, ses vitres sont cassées, etc.

Face à cette incertitude généralisée, cet espace « liquide » qui nous entoure, la première réaction est de se barricader – qu'on plante des clous dans des planches de bois ou qu'on construise des villes fortifiées. S'il y a un point commun à tous les films de zombies, c'est la récurrence de la thématique de la barricade et de la figure du siège. Les protagonistes de ces films sont des enfermé·e·s plus ou moins volontaires, qui passent une bonne partie de leur temps à construire ou renforcer les fortifications autour d'eux et à repousser des assauts. Et qui tentent, dans ces espaces protégés/confinés, de reproduire des formes de vie sociale.

En termes d'« habiter », c'est donc assez déprimant et pas très nouveau : les interactions avec le monde se font sur le mode de la méfiance, de l'immunisation, de la mise à distance. L'environnement est perçu comme hostile et pathogène, il faut s'en protéger par des murs. La pandémie de Covid-19 est intéressante de ce point de vue : nos imaginaires étaient « prêts ».

Si vous viviez soudainement dans un monde en ruines comme dans ces fictions, vers quels lieux penseriez-vous vous diriger par réflexe ; quelles seraient les destinations qui vous permettraient de retrouver du sens ?

Une chose que j'essaie de dire dans mon livre, c'est : l'invasion zombie, plus largement la fin du monde, c'est-à-dire la fin d'un monde (celui que nous connaissons), ce n'est pas de la science-fiction, nous y sommes déjà. Je trouve un peu bizarre l'idée voulant que la littérature, en particulier la science-fiction, soit capable de prédire l'avenir. Personne n'a de boule de cristal, les auteur·e·s ne font que constater le présent avec plus ou moins de lucidité et de finesse et, éventuellement, tirent les conséquences logiques de ce présent.

Ce que je veux dire, c'est que les zombies et autres fictions post-apocalyptiques parlent d'aujourd'hui, pas du futur. Nous vivons dans un monde instable, régi par la compétition et l'individualisme. Nous manquons, individuellement et collectivement, de repères pour l'action, la logique marchande a colonisé des pans entiers de nos vies, une partie de la planète vit barricadée, la déforestation libère des virus qui viennent nous pourrir la vie et justifier les pires reculades démocratiques... Des films comme *Les Fils de l'homme* d'Alfonso Cuarón ou *WALL-E* d'Andrew Stanton, sortis en 2006 et 2008, nous y sommes, tout de suite, maintenant.

Par conséquent, la question du « sens » se pose elle aussi maintenant. Certains films donnent des pistes pour repenser notre rapport au monde et aux autres. *Shaun of the Dead* d'Edgar Wright (2004), derrière son côté grand-guignol, dit de belles choses sur la convivialité et l'amitié. Shaun et sa petite équipe se réfugient dans un pub, lieu de sociabilité par excellence. La dernière image évoque une cohabitation possible avec les zombies. Dans le même ordre d'idées, un personnage de *The Battery* de Jeremy Gardner (2012) collectionne des petits objets du quotidien qu'il ramasse au fil de son périple à travers la Nouvelle-Angleterre, grâce auxquels sa vie garde un sens, même ténu. Inversement, les quatre personnages de

Zombie, à l'abri du danger et de la faim dans leur centre commercial, crèvent d'ennui.

Je pourrais citer d'autres exemples mais, à chaque fois, retrouver du sens ne dépend pas seulement du choix d'un lieu spécifique, mais de la capacité des personnages à dépasser la survie comme unique projet, qui écrase tous les autres. Il ne peut y avoir du sens que si la survie de soi-même et de ses proches est subordonnée à d'autres impératifs – la solidarité, l'amour, l'amitié, la démocratie, etc.

Vous écrivez que la figure du zombie est essentiellement la figure de l'autre, et que cela reflète et influe tout à la fois notre lecture du monde. Qu'est-ce que les zombies racontent sur la place de l'altérité dans l'espace public ?

Il y a mille et une interprétations de la figure du zombie : esclave, individu consommateur aliéné, incarnation de nos angoisses face à la mort et la putréfaction, prolétaire, minorité dominée, migrant·e, etc. On peut aussi le voir, à l'aune des transformations dont je parlais plus tôt, comme un rebut de la société post-fordiste, représentant cette partie de l'humanité même plus exploitable par le capital et qu'Achille Mbembé appelle « humanité superflue ». Mais peu importe quelle(s) interprétation(s) on retient, le zombie est, dans la majorité des cas, un Autre radical et incompréhensible, comme une essence de l'altérité.

L'espace public est justement le lieu de la cohabitation avec l'Autre, où les différences se rencontrent et interagissent, où n'importe qui est en droit de circuler et de s'exprimer. Mais j'ai parlé avant d'immunisation et de barrières et, dans les films de zombies, on prend acte de la disparition de l'espace public et des interactions qu'il permet : pas question de sortir de son abri sans être armé jusqu'aux dents et, le plus souvent, sans un véhicule lui-même barricadé. On se déplace dans des bus recouverts de fil barbelé dans *L'Armée des morts* de Zack Snyder (2004), en camping-car dans *Chronique des morts-vivants* de Romero (2006), en Hummer H1 (un SUV de plus de trois tonnes) dans *Bienvenue à Zombieland* de

Ruben Fleischer (2009), ou encore dans des SUV eux aussi bardés de grilles en métal dans le récent *Peninsula* de Sang-ho Yeon (2020) : dans tous les cas, l'objectif est de tenir le monde à distance et de ne surtout pas interagir avec.

Quant aux espaces à l'abri du danger, ils sont militarisés à outrance, du manoir-caserne de *28 Jours plus tard* de Danny Boyle (2002) à la banlieue-ghetto de la première saison de la série *Fear the Walking Dead* créée par Robert Kirkman et Dave Erickson en 2015. Là non plus, plus l'ombre de ce qui pourrait ressembler à de l'espace public.

La fiction post-apocalyptique est-elle l'expression d'un besoin de renouveau politique ?

Le titre de mon livre prête peut-être à confusion. Ce n'est pas le capitalisme qui est en ruines, il se porte à merveille et continue de se renouveler – même si l'on annonce depuis un moment sa fin prochaine, voire imminente, qui pourtant n'arrive jamais. Mais justement : quand le capitalisme se renouvelle, il détruit pour pouvoir reconstruire, surtout dans les espaces urbains – le géographe David Harvey a beaucoup écrit sur les rénovations urbaines et leur lien avec la circulation du capital.

Les ruines seraient donc plutôt celles qu'on trouve dans les anciennes zones industrielles ou dans les stades olympiques à l'abandon, par exemple. Il faut ajouter la peur d'une catastrophe écologique à l'échelle mondiale, qui occupe nos imaginaires depuis les années 1970-1980 : les ruines pourraient aussi être celles que nous laisserons si des régions entières devenaient inhabitables.

Pour répondre à la question, sur le plan politique, je vois dans les films de zombies un constat désespéré et désespérant plutôt que des expérimentations : face à une crise profonde, face au danger permanent, le premier geste politique est le durcissement. J'ai parlé de barricades et de militarisation de l'espace public, cela s'accompagne de la montée de l'autoritarisme politique. Là encore, un film comme *Le Territoire des morts*, de Romero (2005), avec sa ville fortifiée et son maire despotique, ne raconte rien de très original, il décrit des choses familières : le danger extérieur fait de la peur un principe de gouvernement et l'impératif de survie justifie les atteintes aux libertés individuelles. Il faut penser à Rick Grimes, à la fin de la saison 2 de *The Walking Dead*, annonçant sur un ton martial : « *ce n'est plus une démocratie* » – comme si ça l'avait été avant ?

BRENDAN MCCARTHY

QUI A TUÉ LE MONDE ?

Le quatrième volet de la saga culte de George Miller est sorti en 2015 sur les écrans. *Mad Max Fury Road* devient dès lors un nouveau classique instantané du cinéma et du genre post-apocalyptique.

La franchise *Mad Max* a fixé, depuis le premier opus en 1982, sa propre esthétique. Un monde désertique et dévasté, une omniprésence des engins motorisés en tout genre, des courses-poursuites endiablées, un étalage de violence et de personnages désabusés ou cruels. C'est là l'incarnation de tout un pan du cinéma post-apocalyptique : une esthétique du chaos après la fin du monde. Historiquement, on ne peut donc pas dire que les films *Mad Max* répondent à un idéal d'espoir et de renouveau. Toutefois, *Mad Max Fury Road* change quelque peu la donne en incluant des enjeux écologiques et féministes, tout en conservant la brutalité et le désenchantement des précédents films. « *Qui a tué le monde ?* » se présente aussi comme un questionnement récurrent, faisant de ce monde d'après la conséquence directe des actions et décisions du monde d'avant.

Dans cet opus, Max se retrouve emprisonné dans la Citadelle. Dirigée par un tyran, cette société est ultra-patriarcale, ultra-violente. L'accès à l'eau est contrôlé, cette denrée étant devenue aussi rare que le carburant. Les femmes ont également été réduites en esclavage. C'est là qu'intervient le personnage de Furiosa. Héroïne aux allures *badass*, elle décide de se rebeller et d'emmener avec elle cinq « épouses » du tyran pour les libérer, les guider vers une Terre promise, une « Green Place » végétale. Max est embarqué à ses côtés dans une course-poursuite vers cet espoir. Les deux personnages traversent ensemble les ruines, poursuivant cette quête utopique vers le monde d'avant.

Brendan McCarthy, figure réputée dans les comics, est le co-scénariste de *Mad Max Fury Road*. Dès les débuts de la production, il a réalisé, pour George Miller, plusieurs milliers de storyboards, et a participé tant au développement du thème central qu'à l'esthétique (véhicules et tribus). Brendan McCarthy nous a par ailleurs confié en amont de l'entretien que la toute première version du scénario qu'il a confié à George Miller contenait l'idée d'une « *nouvelle chance pour l'humanité* ».

L'ENTRETIEN

Sur un plan personnel et créatif, comment avez-vous vécu de travailler sur une saga comme *Mad Max* ?

Je suis un grand fan de *Mad Max* depuis que j'ai vu le deuxième volet au cinéma, à l'âge de 20 ans, ce qui m'a profondément marqué. J'adore ce film, sa réalisation sauvage et l'incroyable poursuite en camion-citerne à la fin, probablement le meilleur exemple de cinéma d'action jamais réalisé.

Lorsque, des années plus tard, j'ai rencontré George Miller à Hollywood, *Mad Max* était la dernière des franchises des années 80 qui n'avait pas été ruinée par de nombreuses mauvaises suites. Je lui ai proposé une idée pour le quatrième volet de l'histoire de *Mad Max* et, quelques mois plus tard, il m'a recontacté et m'a invité à Sydney afin de réfléchir à un nouveau film. Comme je venais du monde de la bande dessinée, j'avais une certaine approche de la narration. Je savais écrire et dessiner, ce qui était crucial pour la conception et le *storyboarding*, mais aussi pour saisir visuellement une idée.

EXTERIOR
DESERT DREADLANDS...

A LONE ROAD

STRETCHES OUT THROUGH THE
VAST DESERT TO THE DISTANT
HORIZON WHERE ANOTHER
FORTRESS WAITS.

AT THE FORK OF THE ROAD,
A BIKER STANDS ATOP A
MONOLITHIC ROCK.

THE CONVOY ROARS INTO
SHOT — WARRIOR WOMAN
BRINGS HER TRUCK TO AN
UNEXPECTED HALT.

CUT

THE CONVOY HALTS ALSO...
– SHE GLANCES IN HER
REARVIEW MIRROR AT THE
WARLORD'S CITADEL BEHIND
HER...

CUT

LOOKS UP AT OTHER DISTANT
FORTRESS, THEN DOWN THE
DERELICT ROAD FORKING OFF,...

AND RESOLVES HERSELF.

A LEAD BIKER REVERSES, AND
PULLS ALONGSIDE HER...

BIKER : "WHAT'S WRONG?"

WARRIOR : "WE'RE GOING THIS
WOMAN : WAY"

BIKER : "THE FURY ROAD?
THE SUPPLY RUN'S
BEING DIVERTED??
–WHAT'S HAPPENING?·

WARRIOR : "DON'T ASK"
WOMAN :

OFF THE BIKER'S BEWILDERED FACE:

CUT

WARRIOR : "ROUND UP THE OTHERS".
WOMAN

BIKER : "WHAT DO I SAY?"
(ANGRILY)

WARRIOR WOMAN STARES BACK.,

WARRIOR : "A GREAT DEATH AWAITS
WOMAN : YOU ON THE FURY ROAD."

Extrait des *storyboards*, plan par plan, conçus à la main
par Brendan McCarthy pour *Mad Max Fury Road*.

C'était un travail de rêve. J'avais une bonne connaissance de tous les films, de ce qui marchait et de ce qui ne marchait pas, et à mesure que l'histoire prenait forme, nous savions que nous ne pouvions pas juste créer un autre film – il devait devenir un classique, le meilleur de tous. Nous nous sommes fixé un objectif énorme. Nous étions déterminés à ne pas décevoir le public et à faire vivre l'expérience *Mad Max* à une nouvelle génération qui ne connaissait pas la trilogie précédente.

Mad Max Fury Road est un *road movie* constant. Quelle spécificité cela a entraîné dans l'écriture ?

C'était l'idée de George de réaliser une longue course-poursuite. Nous avons regardé des films comme *La Chevauchée fantastique*, où un groupe de personnes confinées dans un petit espace se déplace à travers un paysage.

Il est évident qu'il faut prévoir des pauses, afin que les gens puissent se remettre de la tension d'une séquence d'action, puis commencer à construire la suivante, en gardant la plus grande pour la fin. Pour que le film provoque un effet montagne russe, nous avons été particulièrement attentifs à la manière de construire et placer les séquences d'action, en veillant à ce que chacune ait une dynamique différente des autres. Le premier événement d'action principal est celui des Buzzards, puis de la tempête – pour cela, nous avons regardé des films sur la vie sauvage montrant de petites hyènes terrassant des gnous imposants. Les bikers du canyon s'intégraient au film d'une façon différente, nous nous sommes plutôt appuyés sur les cow-boys et les Indiens des vieux westerns. La grande poursuite finale était dynamisée par les Pole Cats, des gens sur des perches, évoquant les techniques des pirates embarqués.

Quant aux films de *road trip*, George est plus âgé que moi et il est issu de la contre-culture des *road movies*, comme *Macadam à deux voies* et *Point limite zéro*. Tout l'art de la chose a consisté à faire avancer la narration tout en étant en mouvement physique constant dans le camion-citerne (que nous avons développé comme un « personnage » du film – lorsque Nux écrase le camion-citerne à la fin, nous sommes émus à la fois pour Nux et pour le camion !).

Dans *Fury Road*, il y a quelques références à notre présent, comme « *Qui a tué le monde ?* ». Aviez-vous en tête de parler des grands enjeux actuels, comme l'écologie et le capitalisme, durant la conception du film ?

Oui. Nous étions conscients des problèmes actuels, et que ces dangers sont présentés comme une fatalité apocalyptique, donc nous avons intégré des références à ces problèmes tout au long du film. Le principe du « *Qui a tué le monde ?* » est l'œuvre de George Miller : le discours était destiné à montrer du doigt les humains. Cela faisait partie du thème de l'histoire et de l'approche politique du film. Mais j'ai toujours insisté auprès de George pour que nous ne soyons pas trop moralisateurs.

L'écrivain de SF Hugh Howey a salué *Fury Road* pour le message du film qui, selon lui, peut se résumer par « *construisez une vie meilleure ici et maintenant, ne rêvez pas de vous enfuir ailleurs vers un quelconque monde meilleur* ». Qu'en pensez-vous ?

Je suis d'accord avec l'interprétation de Hugh. Il s'avère que la Green Place de Furiosa est un souvenir, un mythe, elle n'existe plus. La seule Terre Verte que nous voyons est au sommet de la Citadelle – et donc ils retournent là où leur voyage a commencé, déterminés à changer le lieu d'où ils viennent. Il n'y a pas de Terre promise, nulle part. Enclenchez le changement là où vous êtes en ce moment même.

Pourquoi Furiosa, personnage qui incarne un idéal de liberté, a-t-elle tant attiré l'attention et l'affection du public ?

Furiosa était entièrement une création de George. J'ai presque dû me battre pour la place de Max dans le film, car George s'était

Affiche de *Mad Max Fury Road*. À gauche Furiosa, à droite Max.
(George Miller / Kennedy Miller Productions)

lui-même pris d'affection pour le personnage de Furiosa. Ajoutez à cela l'excellente interprétation de l'héroïne par Charlize Theron, qui, comme elle l'admet volontiers, est l'une de ses meilleures performances. Elle a saisi l'esprit de l'époque, au moment où le mouvement pour la justice sociale prenait de l'ampleur.

Qu'est-ce qui a guidé votre écriture des personnages, de leurs relations, de leurs motivations ?

L'une de nos lignes directrices dans l'écriture, pour le fil rouge thématique, était « *s'engager pour aller mieux* ». Nous l'avions épinglé en grosses lettres dans notre espace de travail, car c'est un résumé en bref de l'histoire de Max. Ce n'est pas celle de Furiosa, son personnage dispose d'un autre arc narratif. Elle est déjà engagée, même si elle emmène les filles dans une mission vaine vers un endroit qui n'existe que dans son esprit. Max n'adhère vraiment à leur cause que lorsqu'il lui prend la main à la fin du deuxième acte, avant la poursuite finale.

La franchise *Mad Max* représente-t-elle une approche punk du futur ?

L'écrivain de science-fiction J.G. Ballard avait décrit *Mad Max : Le Défi* comme « *la chapelle Sixtine du punk* » ! L'influence ouverte du punk était beaucoup plus apparente dans le deuxième film – car *Au-delà du dôme du tonnerre* était plus proche de l'« apocalypse tribale » dans sa conception. Il y a une influence historique du punk dans *Fury Road*, mais elle est beaucoup moins visible dans ce film plus récent. Après tout, le punk est apparu il y a environ 45 ans ! Je pense que *Mad Max* est en train de développer sa propre esthétique, quelque chose d'unique au monde. Il sera intéressant de voir comment elle évolue.

Michonne et Daryl, deux personnages de la série post-apo
The Walking Dead, produite par AMC.

PARTIE 2
CE QUI PERDURE DE NOTRE HUMANITÉ

Les récits post apo peuvent être perçus comme une forme de mise à l'épreuve de l'humanité. Cette approche est présente dans la genèse de la série post-apocalyptique danoise *The Rain*, dont le créateur, Jannik Tai Mosholt, nous raconte que tout a commencé avec l'idée de placer le récit en Scandinavie, alors même que le genre est « *très américain et toujours axé sur la survie de l'individu* ».

L'équipe de la série voulait que le récit reflète un état d'esprit plus collectif, mettre à l'épreuve les formes collectives lorsque tout est question de survie, et également mettre à l'épreuve le socialisme danois : « *Nous étions fascinés par ce qui se passerait, à partir de cet état d'esprit socialiste, si notre civilisation disparaissait soudainement. Est-ce que l'on agirait encore de manière civilisée ? Nous, les Scandinaves, percevons notre propre société comme étant la meilleure du monde, où la notion collective est importante, avec cette idée que la société est toujours là pour vous aider lorsque vous tombez. Nous avons voulu nous demander si, en tant qu'êtres humains, nous serions encore capables de nous accrocher à nos idéaux lorsque tout nous serait enlevé.* »

Une expérience de pensée

Pour l'écrivaine Élisabeth Vonarburg, il s'agissait avant tout d'un outil technique bien pratique pour *Le Silence de la Cité*, face au besoin d'écrire un roman suffisamment court tout en étant apte à envisager un ailleurs, un autrement. C'était, nous dit-elle, une sorte de « *jiu jitsu littéraire* » dont la « *table rase initiale désencombrait adéquatement le paysage* ». Mais l'écrivaine tient alors à rappeler que le motif post-apocalyptique n'est pas non plus une nécessité absolue pour cette mécanique : « *Joanna Russ se débrouille très bien sans y avoir recours pour asséner son point de vue féministe dans son roman* We Who Are About To. *On est naufragé sur une planète pas très hospitalière, il faut survivre, que va-t-on faire ? L'expérience de pensée a seulement besoin d'un petit nombre de prémisses.* »

En tant qu'expérience, les récits post-apocalyptiques opèrent aussi une mise à nue de l'humanité. Si nous retirons toutes les structures au sein desquelles évoluent aujourd'hui nos vies, que reste-t-il de nous ? Peut-être notre culture ? Nos souvenirs enfouis ? Nos émotions ? Nos relations interpersonnelles ? Alors même que le genre présente des sociétés humaines effondrées, ces mondes d'après sont parsemés de ruines, de vestiges et de traces de l'avant.

Pour Élisabeth Vonarburg, les traces du passé forgent le présent à une échelle qui « *donne le vertige lorsqu'on commence à en prendre conscience, parce que cela n'en finit pas. Il y a un équilibre délicat à maintenir entre la connaissance du passé et son oubli, parce que trop de passé, cela écrase, et pas assez, cela éviscère* ». Il en va de même dans la plupart des romans post-apocalyptiques : même en faisant table rase, même lorsque l'humanité se retrouve dans un contexte si nouveau, la rupture entre le monde d'avant et le monde d'après n'est pas totale. Et c'est aussi ce qui permet à cette fiction d'offrir une fresque, souvent très critique, de notre présent.

MAMYTWINK

TCHERNOBYL, VILLE FANTÔME

Les mondes post-apocalyptiques sont empreints d'une mémoire : celle du monde d'avant, qui est toujours présent, de manière plus ou moins significative. Il s'agit là d'un constat qui ne s'applique pas qu'à la fiction, mais également aux lieux qui ont connu une catastrophe. C'est l'un des sujets centraux que nous avons voulu aborder avec Florian Henn, plus connu sous le nom de sa chaîne Youtube, Mamytwink. Il partage, à ses 1,7 million d'abonnés, sa passion pour l'Histoire et l'exploration urbaine. Il explore des lieux abandonnés en ville, mais aussi au-delà – des sous-marins, des châteaux ou même la cité nabatéenne oubliée de Pétra.

En juin 2019, il a publié un documentaire vidéo peu habituel : une exploration de la zone d'exclusion de Tchernobyl. En 1986, la région a connu une catastrophe nucléaire sans précédent lorsqu'après une surchauffe incontrôlée, le réacteur n°4 a explosé, dispersant des matières radioactives dans un large périmètre. Après l'évacuation d'urgence, une zone d'exclusion a été mise en place sur des dizaines de kilomètres autour de la centrale. La ville de Prypiat, située à 3 km, s'est retrouvée à l'abandon. La catastrophe a eu des conséquences sanitaires et écologiques désastreuses à l'époque et, encore aujourd'hui, les lieux restent inhabités en raison de retombées radioactives qui perdurent.

La zone d'exclusion de Tchernobyl est un lieu post-apocalyptique bien réel. Que peut-il nous apprendre ?

Photo de la zone d'exclusion de Tchernobyl,
par Florian Henn / Mamytwink.

Vous avez l'habitude des explorations urbaines. Est-ce qu'il y avait quelque chose de différent avec Tchernobyl ?

C'est différent en de nombreux aspects. D'abord, la catastrophe en elle-même, l'impact qu'elle a eu sur notre histoire et sur les générations précédentes – je pense à mes parents qui ont été très touchés par le fait qu'il y ait eu cette catastrophe et le nuage radioactif. Il y a un poids supplémentaire. Et puis il y a la peur du danger de la radioactivité. S'ajoute le sentiment d'atteindre une sorte de graal de l'exploration urbaine : en termes de lieu abandonné, c'est tellement immense, son histoire a un tel poids, c'est l'exploration « ultime ».

Aviez-vous l'impression de vous retrouver plongé au sein d'un monde post-apocalyptique ?

De manière générale, quand on explore des lieux abandonnés, on a ce sentiment d'être dans des lieux post-apocalyptiques. On s'imagine qu'il y a eu une apocalypse, que les gens ont fui et que l'on visite les lieux. Mais à Tchernobyl, c'était la première fois que j'étais vraiment dans un lieu post-apocalyptique. Ce n'était plus seulement un sentiment.

La catastrophe de Tchernobyl, c'était l'apocalypse, non pas pour la planète entière mais pour cette région. Ils ont évacué la ville dans les 48h, et les gens ne sont plus jamais retournés vivre dans leurs appartements. Cela change toute notre vision des choses quand on explore les bâtiments. On imagine les 50 000 habitants qui vivaient ici, dans une certaine insouciance, et qui d'un coup, du jour au lendemain, sans vraiment comprendre ce qu'il se passait, ont dû quitter leur foyer sans pouvoir y revenir. C'est un vrai traumatisme. Les Ukrainiens sont très marqués par la catastrophe : ceux de mon entourage à qui j'ai dit avoir visité Tchernobyl me disaient « *moi je n'irai jamais, car des gens dans la famille ont eu des cancers très rudes ».* Sur place, cette apocalypse qui s'est déroulée à Tchernobyl nous prend aux tripes. C'est tout bonnement fou, lorsqu'on traverse les artères bardées de ces barres d'immeubles qui s'enchaînent infiniment avec, dans chaque barre d'immeuble, des dizaines voire des centaines d'appartements. Des familles, des mères et des pères, des enfants vivaient là.

Ressentiez-vous toute cette vie d'avant ? Est-elle encore indirectement présente ?

Quand on l'a visité, cela faisait 33 ans que la catastrophe avait eu lieu. Entre-temps, la plupart des effets personnels ont été récupérés par les familles lorsqu'ils n'étaient pas trop radioactifs, et beaucoup de lieux ont été pillés par des ferrailleurs venant récupérer des métaux, ou par des explorateurs. Il subsiste peu de lieux intacts, comme c'est le cas dans la zone d'exclusion de Fukushima où il perdure des maisons entières, des supermarchés, avec encore tout à l'intérieur.

Malgré tout, il reste beaucoup d'objets. On est tombé sur des vestes, des livres, des courriers, des cartes postales. J'ai retrouvé des journaux datant d'une ou deux semaines avant la catastrophe. On a aussi trouvé des caisses de masques à gaz qui étaient destinés à se protéger en cas d'attaque nucléaire des Américains.

Comment avez-vous perçu la nature dans ces lieux ?

La nature est à nouveau à sa place, les nuisances de l'être humain ont quasiment disparu (des ouvriers travaillent encore à la centrale pour régler le souci de la radioactivité qui subsiste). La nature a repris ses droits. On se rend compte que, sans l'humain, elle se porte très bien, même si certaines parties ont été transformées du fait de la radioactivité – je pense notamment à la forêt rousse, qui a été rasée. On a ce sentiment que la nature est à sa place et que c'est nous qui représentons un dérangement.

Il faut savoir que le lieu où a été construite la centrale de Tchernobyl était une sorte de réserve naturelle. Les autorités soviétiques avaient choisi ce lieu car la nature – la proximité avec la forêt – était très agréable pour les habitants qui travaillaient à la centrale. On se dit que cela n'a rien à faire là et, aujourd'hui, si l'on s'éloigne de la zone d'exclusion et que l'on va du côté d'endroits moins explorés par l'humain, on trouve des ours, des meutes de loups, et une richesse en population animale que l'on retrouve peu en Europe. Ce qui est paradoxal, c'est que cela fait du bien.

Était-ce proche de certaines œuvres de fiction ?

On a tous et toutes déjà vu l'un de ces films post-apo où il y a par exemple une épidémie et où l'on se retrouve solitaire dans une immense ville. Je pense par exemple à *Je suis une légende*, où le héros se retrouve seul dans New York. Il y a une forme de fantasme, être seul survivant dans une ville fantôme. Non pas qu'on veuille le vivre, mais on se demande ce que l'on ferait si cela advenait.

Sur place, vous vous projetiez plutôt dans le futur ou dans l'histoire passée de la zone ?

J'étais plutôt plongé dans le passé, en essayant de ressentir ce qu'avaient pu sentir les gens.

Quand on est dans un « vrai » paysage post-apocalyptique, est-ce que la beauté que dégage l'esthétique fictive disparaît face à la réalité crue ?

Il y a une sorte de beauté qui fait froid dans le dos. C'est un peu paradoxal. Il y a un esthétisme dans ces immenses allées abandonnées, les arbres qui poussent entre les immeubles aux vitres cassées et aux portes battantes sous le vent. Il y a un côté poétique, certes sombre. Une poésie qui renvoie au temps, à notre place dans la nature.

À votre retour, votre vision quant à la fragilité des sociétés avait-elle changé ?

Ces éléments m'ont davantage frappé lorsque j'ai exploré les ruines des cités mayas au Mexique, où une civilisation disparaît après des siècles. Je reste quelqu'un d'optimiste, donc je ne suis pas penché vers une vision de l'effondrement.

Donc il s'agit surtout d'un témoignage, un lieu de mémoire ?

Exactement. C'est un lieu de mémoire important à préserver ; une catastrophe importante à enseigner aux générations à venir pour ne pas oublier.

PENG SHEPHERD
CE QUI NOUS RELIE

La mémoire et les liens humains structurent profondément le tout premier roman de Peng Shepherd, *Le Livre de M*. Le contexte post-apocalyptique du récit provient de ce point de départ : en Inde, un humain voit son ombre disparaître, puis d'autres vivent le même phénomène à un rythme exponentiel. Perdre son ombre revient aussi à perdre la mémoire. C'est alors une véritable épidémie de l'oubli qui touche l'humanité, laquelle sombre peu à peu dans le chaos, car ces humains qui oublient tout se comportent comme des zombies.

Après quelques mois à survivre dans ce nouveau monde post-apocalyptique, le couple formé par Ory et Max fait face au pire. Max est touchée peu à peu par la maladie de l'oubli, devenant à son tour une « sans-ombre ». Lorsqu'elle décide de fuir pour épargner Ory, ce dernier se lance dans un grand voyage pour la retrouver. Max écume elle aussi les routes, à la recherche d'un espoir potentiel : on raconte qu'à la Nouvelle-Orléans, une communauté pourrait aider les sans-ombres. Peng Shepherd ajoute d'autres protagonistes à cette aventure, comme deux sœurs qui s'épaulent pour survivre dans des conditions difficiles, et un groupe de survivants prêt à tout pour protéger... des livres !

Entre le *road trip*, la survie, les presque-zombies, le roman de Peng Shepherd condense à lui seul un certain nombre de thèmes et de mécaniques propres à la littérature post-apocalyptique. La romancière américaine a évoqué avec nous la vision de l'humanité portée par son livre, décrivant également ce qui l'attire dans ce genre littéraire.

L'ENTRETIEN
—————————

Qu'est-ce qui vous intéresse dans le récit post-apocalyptique ?

Les scénarios post-apocalyptiques sont profondément fascinants parce qu'ils permettent de s'interroger, parfois de manière beaucoup plus directe que d'autres genres, sur ce que signifie être humain. Lorsque toutes les contraintes et tous les systèmes sont supprimés, qui devenons-nous ? Sommes-nous plus authentiques, ou moins ?

Pour écrire ce roman, il vous fallait envisager comment les gens réagiraient dans certaines situations post-apocalyptiques de survie. Comment avez-vous procédé ? Cela vous a-t-il aidé à comprendre comment nous réagissons en tant qu'êtres humains, ce qui motive nos actions ?

Dans le livre, aucun des personnages n'est un expert de la survie, ce ne sont que des citadins ordinaires qui n'ont aucune idée de ce qui les attend. Je voulais préserver ce sentiment de manque de préparation et d'accablement, c'est pourquoi mes recherches ont été beaucoup plus personnelles que théoriques. J'ai demandé à de nombreux amis et membres de ma famille ce qu'ils feraient dans des situations similaires, et j'ai écouté leurs réponses. Certaines réponses étaient sécurisantes, d'autres risquées, d'autres intelligentes, d'autres désespérées et d'autres assez peu judicieuses, tout comme les décisions des personnages du livre. Le plus important, c'est que leurs actions étaient réelles et humaines, pas maîtrisées.

Face à la pandémie de Covid-19, y a-t-il des passages de votre livre qui prennent un sens différent pour vous ?

Oui, sans aucun doute, il y a de petites choses. Par exemple, la phrase du livre sur des gens qui accumulent 250 bouteilles de shampoing dans leur maison. À l'époque où je l'ai écrite, cette réaction m'a semblé stupide, mais les États-Unis ont ensuite connu une pénurie nationale de papier toilette qui a duré des mois, et soudain, ce genre de comportement d'accumulation paniquée de choses apparemment insignifiantes ne m'a plus semblé si stupide du tout.

À plus grande échelle, je me suis également demandé si je n'étais pas irréaliste lorsque j'ai laissé mes personnages continuer à vivre allègrement leur vie pendant plusieurs semaines après que la pandémie des sans-ombres a commencé à se propager dans d'autres pays du monde. Je pensais qu'il n'était pas crédible que ces personnages soient si peu concernés jusqu'à ce qu'il soit clairement trop tard. Malheureusement, cela semble aussi s'être réalisé...

Qu'est-ce qui peut causer un effondrement selon vous ?

Il semble qu'à l'heure actuelle notre plus grande menace soit notre besoin de plus. Plus de combustibles fossiles, plus d'électricité et de puissance, plus de nourriture, plus de gadgets, plus de luxe. Plus, plus, plus. Nous sommes déjà confrontés au dangereux développement de bactéries résistantes dû à la surconsommation d'antibiotiques ; au risque toujours plus grand de voir de nouvelles maladies se transmettre entre espèces en raison de de la production industrielle de viande ; et aux conséquences terrifiantes du changement climatique. Et pourtant, nous continuons à en demander toujours plus.

Pourquoi faudrait-il, comme vos personnages, protéger les supports culturels, à l'image des livres, pour reconstruire après un effondrement ?

Les supports culturels de la mémoire collective font partie des aspects les plus importants de la reconstruction d'une société. Après tout, comment pouvons-nous apprendre du passé si nous ne pouvons pas nous en souvenir ?

À quel point la mémoire nous définit-elle en tant qu'êtres humains ?

Je pense qu'il y a deux choses qui sous-tendent toute existence humaine : la mémoire et l'amour. On a besoin des deux pour devenir ce que l'on est. Lorsque j'ai commencé à rédiger le livre, j'étais surtout préoccupée par les conséquences de la perte de mémoire sur les personnages en tant qu'individus – seraient-ils toujours eux-mêmes ?

Mais plus j'écrivais, plus je mettais les personnages dans des situations où ils devaient choisir entre garder leur mémoire ou l'abandonner en échange de quelque chose d'autre, plus je me rendais compte que, dans la plupart des cas où ils choisissaient de l'abandonner, ce n'était pas pour gagner quelque chose à titre personnel, mais plutôt pour sauver quelqu'un qu'ils aimaient. Même s'ils perdaient les parties d'eux-mêmes qui les reliaient à cette personne. À ce moment-là, l'amour était tout simplement plus important. Et cela m'a conduit à la question suivante : peut-on continuer à aimer sans ses souvenirs ou, à l'inverse, les seuls souvenirs peuvent-ils maintenir cet amour en vie même s'il ne reste rien d'autre ?

Le Livre de M est aussi une histoire d'amour. Pourquoi l'amour perdure-t-il dans votre vision d'un monde post-apocalyptique ?

L'amour est une chose, peut-être la seule, qu'une apocalypse ne peut pas enlever à l'humanité. La fin du monde peut vous priver de votre maison, de vos biens et de vos économies. Elle peut rendre votre travail obsolète. Elle peut même vous voler votre espoir, si les choses deviennent assez terribles. Mais elle ne pourra jamais vous priver de votre amour pour les personnes qui vous sont chères, même si elle vous prive de ces personnes elles-mêmes.

Cette profonde capacité d'aimer qu'est la nôtre serait certainement l'un des piliers de toute civilisation reconstruite. Les survivants formeraient inévitablement de nouveaux liens, ce qui nous pousserait à former à nouveau des sociétés, pour nous permettre de protéger ces nouvelles relations.

Certains de vos personnages partent en *road trip*, en quête de retrouvailles ou de solutions. Pourquoi l'exode apparaît-il si souvent apporter des réponses dans un contexte post-apocalyptique ?

À l'origine, les humains étaient mobiles, migrant au gré des saisons et des sources de nourriture. Même si la plupart des sociétés sont largement sédentarisées depuis des millénaires, il y a toujours quelque chose de très profond et d'instinctif dans le besoin de se déplacer quand les choses tournent mal.

Des centaines d'espèces animales le font encore chaque année, et les gens l'imitent même à une échelle beaucoup plus réduite, pour des raisons plus modestes : prendre des vacances pour se ressourcer, déménager après un divorce, etc. Je pense que ce besoin est ancestral. Et c'est peut-être pour cette raison que lorsque les personnages de récits post-apocalyptiques s'autorisent à écouter leurs véritables instincts, au lieu de s'accrocher aux vieilles méthodes de leur société déchue, ils sont capables de trouver de nouvelles solutions pour survivre.

***Le Livre de M* traite également de la façon dont nos perceptions ont un impact sur le monde. Si nous appliquons cela à l'effondrement, pensez-vous qu'en parlant de plus en plus de celui-ci, nous contribuons à l'éviter ou bien à le faire advenir ?**

Nous devons absolument en parler ! Même au risque d'influencer notre perception des pires scénarios possibles. Communiquer les uns avec les autres pour affronter les problèmes, partager les connaissances et élaborer des plans d'urgence est le seul espoir que nous ayons pour nous prémunir contre d'éventuels dangers futurs.

JOHN GONZALEZ
HORIZON ZERO DAWN, DU POST-APO LUMINEUX

Vendu à plus de 10 millions d'exemplaires dans le monde, *Horizon Zero Dawn* est aujourd'hui un jeu vidéo post-apocalyptique culte. L'héroïne, Aloy, évolue dans un monde qui se situe 1000 ans après la fin de l'humanité telle qu'on la connaît. La raison ? Un progrès technologique qui est allé jusqu'au point de rupture, nécessitant une terraformation de la planète, une forme de remise à zéro.

Cette terraformation apocalyptique a généré une fusion entre les technologies et la nature. Entre ruines de l'ancien monde et nouvelles formes de vie, la Terre est désormais peuplée de machines ressemblant à des animaux, tout en étant un lieu aussi verdoyant que fleuri. L'humanité, quant à elle, est revenue à un état assez similaire au Moyen Âge. L'univers d'*Horizon* n'est pas exempt de conflits, mais son environnement, sa narration et son héroïne en font une œuvre post-apocalyptique positive, si ce n'est lumineuse. Une intrigante combinaison.

Aloy, héroïne d'un monde renouvelé

Aloy est le personnage principal de l'univers d'*Horizon*, que ce soit dans *Zero Dawn* ou dans sa suite, *Forbidden West*. Au 31e siècle, son monde est divisé en tribus, et celle dont elle fait partie la considère comme une paria, car elle est orpheline. Aloy est donc élevée à

L'héroïne d'*Horizon*, Aloy.
(Sony / Guerrilla Games)

l'écart, par un autre paria. Alors qu'elle était encore une enfant, elle échoue par accident dans des ruines de laboratoires, vestiges de l'ancien monde. Elle y découvre le focus, un petit appareil encore fonctionnel servant d'interface neuronale. Lorsqu'elle le place sur son oreille, Aloy voit des éléments en réalité augmentée autour d'elle (des hologrammes, des informations, des messages audios...).

Quelques années après, devenue une jeune adulte, elle décide de participer à l'Éclosion, un rite de passage grâce auquel les enfants parias peuvent rejoindre la tribu. Aloy y participe moins pour faire partie d'une tribu que pour obtenir des réponses sur ses origines. Ces premiers pas dans sa quête la mèneront à découvrir qu'une scientifique de l'ancien monde, pourtant disparue il y a 1000 ans, lui ressemble étrangement. Aloy va parcourir ces terres post-apocalyptiques, explorer les vestiges de l'ancien monde, pour obtenir des réponses sur le passé.

Mais qu'est-ce qui peut bien motiver un personnage à enquêter sur un état du monde vieux de 1000 ans ? C'est John Gonzalez, la plume derrière le personnage, qui nous en parle :

« On rencontre Aloy pour la première fois quand elle est petite fille. C'est alors une personne qui n'a aucune idée de la raison pour laquelle elle a été ostracisée et chassée de cette tribu, ni pourquoi elle a été traitée avec cruauté. L'une des choses très admirables chez elle, c'est qu'au lieu d'abandonner, au lieu de l'accepter, au lieu de croire qu'elle mérite ce genre de traitement, elle est férocement déterminée à se défendre, puis à résoudre ce mystère, à comprendre pourquoi ces gens agissent de cette façon. Elle ne recule devant rien pour découvrir les réponses. Elle est en plein cœur d'un monde qu'elle trouve mystérieux, mais si l'on se place de son point de vue, elle n'a aucune idée qu'il s'agit d'un monde post-apocalyptique. Elle ne sait pas qu'il y a un passé ancien enterré dans ce monde. Aloy essaye juste de survivre à un rite de passage de la tribu pour découvrir qui était sa mère... et puis voilà qu'une armée entière cherche à la tuer, et elle découvre qu'elle est en quelque sorte liée à une femme de l'ancien monde. Elle part pour l'odyssée de sa vie. C'est littéralement une quête pour découvrir qui elle est. »

Et cette quête individuelle se traduit en une quête pour découvrir, plus profondément, ce qui définit l'humanité – y compris sa relation aux technologies, au progrès, à la planète. Les personnages de récits post-apocalyptiques portent souvent cette sorte de fardeau : ils ou elles représentent l'humanité dans toute sa complexité à un moment déterminant pour son avenir. Derrière leur quête personnelle se cache l'enjeu de construire un nouveau monde, en tirant des enseignements de la société passée. C'est aussi en cela qu'un récit post-apocalyptique fait la dissection du monde présent et relève d'un outil puissant pour réfléchir aux futurs possibles.

John Gonzalez est le directeur narratif des jeux *Horizon Zero Dawn* et *Horizon Forbidden West*. Si le studio Guerilla Games avait déjà en tête la structure de base de cet univers lorsqu'ils ont fait appel à lui, John Gonzalez a piloté les 20 à 30 heures de quête d'Aloy, et a construit les origines de cet univers post-apocalyptique.

L'ENTRETIEN

Qu'est-ce qui a été à l'origine de l'histoire d'Aloy et de son monde ? Quelles influences ont piloté vos idées ?

Il est difficile d'être complètement conscient de toutes les influences impliquées dans la création d'une idée. La principale source d'inspiration pour l'histoire d'*Horizon* résidait en fait dans le concept fondateur. Quand Guerilla Games m'a recruté, ils avaient déjà cette idée d'un monde mille ans dans le futur, où les humains étaient technologiquement primitifs mais étaient entourés de ces robots de haute technologie qui ressemblaient à des animaux. C'était vraiment beau, mais cela n'avait aucun sens pour moi : je ne comprenais pas comment il pourrait y avoir un événement apocalyptique où les robots provoquent la fin du monde... et où les humains survivent en oubliant toute leur technologie. Pour survivre à une apocalypse robotique, il faudrait se souvenir d'un maximum de connaissances technologiques possibles. Pour moi, il y avait là une contradiction, que j'étais profondément curieux de résoudre. Je voulais comprendre comment ce monde pourrait voir le jour. C'est ce qui m'a inspiré l'idée d'une apocalypse si radicale qu'elle a rendu le monde sans vie – une sphère stérile comme la Lune, une rupture radicale, une discontinuité, entre notre monde et ce monde du futur – et que quelque chose a si mal tourné que le savoir technologique n'a pas été transmis aux nouveaux humains.

Une fois que j'avais imaginé ce monde être « rembobiné » par une intelligence artificielle de terraformation, je voulais m'assurer que le personnage ait un lien ou une relation profonde avec le passé. Cela m'a inspiré l'idée qu'Aloy soit une réincarnation, via le clonage, de l'architecte de ce système. Quelque chose a terriblement mal tourné avec ce dernier, tant et si bien que la seule solution était de faire renaître sa créatrice.

Il y avait d'autres choses, beaucoup de lectures de recherche, et le revisionnage de certains de mes films préférés de Miyazaki. Mais ma principale source d'inspiration était vraiment cette contradiction, résoudre le mystère de la création d'un tel monde.

Justement, pourquoi Aloy voudrait-elle résoudre ce mystère d'une apocalypse qui la précède de plus de 1000 ans ?

C'est exactement la raison pour laquelle je trouvais nécessaire de lui donner une relation très profonde et mystérieuse avec le passé, quelque chose dont elle n'a pas conscience. La question était : comment faire pour qu'elle soit émotionnellement impliquée dans cette quête ? Je ne voulais pas que le mystère autour de l'ancien monde ne soit simplement qu'une curiosité cérébrale. Je voulais en faire quelque chose qui compte pour le personnage que vous jouez.

Aloy n'essaie pas de résoudre cette énigme, elle essaie juste de comprendre qui elle est. Il se trouve que, dans son cas, elle ne peut pas comprendre qui elle est sans démêler ce qu'il s'est passé. Elle est en fait animée par le désir de comprendre son identité et de se rapprocher de sa figure maternelle. C'est émotionnel, pour elle comme pour les joueurs et les joueuses.

Horizon Forbidden West.
(Concept art reproduit avec l'autorisation de Sony / Guerrilla Games)

Ce type de science-fiction, c'est ce que je préfère. Un exemple récent serait le film *Premier contact*, un magnifique film sur le fait d'être humain. C'est ce type de SF qui a inspiré mon approche.

Les jeux et récits post-apocalyptiques sont souvent violents et sombres. *Horizon* est pourtant lumineux et dégage même une atmosphère empreinte de merveilleux. Pourquoi ce choix ?

Les autres membres de l'équipe du studio partagent ce mérite. Dès le début, ils voulaient créer un jeu futuriste qui tenterait d'évoquer la nature de manière majestueuse, afin d'essayer de présenter une version hyper réaliste de ce monde, proche d'une version documentaire digne de la BBC. Je pense que cette idée est venue d'une forme d'épuisement face aux jeux post-apocalyptiques violents et sombres (même les jeux sur lesquels j'ai moi-même travaillé, comme *Fallout New Vegas*). Cela faisait partie du concept original : une touche d'espoir et de majesté. Ce concept m'a profondément parlé. En tant que scénariste, cela m'a donné la liberté d'aller sur un terrain plus émotionnel. C'est certes un jeu où l'on tue des robots dinosaures, mais c'est aussi et surtout un jeu sur une fille qui essaie de retrouver sa mère. Je pense que c'est la raison pour laquelle le jeu semble si frais, qu'il dégage quelque chose de nouveau. Il y avait aussi ce désir d'emmener le joueur ou la joueuse dans une histoire différente, quelque chose qui serait magique ou, comme vous le dites, lumineux, sans être vraiment de la fantasy.

J'aimais l'idée de raconter une histoire qui ressemble un peu à une épopée biblique, mais qui soit de la science-fiction. Ce n'est pas pour autant un récit qui s'inscrit dans une tradition chrétienne ou religieuse, mais il y a un personnage qui est le produit d'une forme d'immaculée conception. Aloy est créée par Dieu qui, dans *Horizon*, est Gaia, l'intelligence artificielle. Et elle doit sauver la planète. Cela sonne comme si c'était tout droit sorti d'une religion, alors qu'en fait, c'est de la SF.

Est-ce qu'il y a une dimension spirituelle dans cet univers ?

C'est un univers dans lequel il n'y a rien de surnaturel. Mais il y a une notion de connexion entre les choses, une image plus large que ce dont nous sommes conscients, et que notre présence est profondément influencée par le passé d'une manière qui nous est invisible. Donc il y a une forme de spiritualité. Un monologue endiablé d'Aloy résume très bien cela, lorsqu'elle dit que c'est un monde qui vaut la peine d'être sauvé, et pas seulement « ici » mais « partout ». Il ne s'agit pas seulement de nos groupes individuels, ni de nos religions, il s'agit d'une humanité commune, d'un destin partagé, qui a une valeur plus élevée que les traditions qui nous séparent.

Horizon est un univers à la fois naturel et métallique, puisque la terraformation a fusionné les technologies et la nature. L'un des messages est-il que ces notions peuvent être réconciliées ?

J'aime beaucoup cette question, car c'est l'une des choses que je trouvais si passionnante dans ce concept. Il est très courant que les scénarios adoptent une approche où la technologie est mauvaise et où la nature est bonne. Il me semble que c'est profondément hypocrite dans un jeu vidéo. Vous jouez sur une Playstation ou sur votre PC, avec un téléviseur haute définition. Vous lisez peut-être des messages sur les réseaux sociaux, sur votre smartphone, pendant que vous jouez... Nous pouvons prétendre que la technologie est mauvaise pour écrire un bon scénario, mais soyons réalistes : nous aimons aussi la technologie. C'est une part importante de notre vie. J'apprécie beaucoup l'approche d'_Horizon_, car on ne dit pas que la technologie est mauvaise, on dit que l'utilisation imprudente et stupide de la technologie est mauvaise et pourrait très bien nous détruire. Tandis qu'une utilisation sage, attentionnée, consciente et alerte de la technologie pourrait nous aider. La technologie ne va pas disparaître, nous devons juste être de meilleurs passagers de la planète. Nous devons nous maîtriser afin d'utiliser la technologie de manière responsable. C'est une bonne chose que le message ne soit pas : « la technologie est un miracle et elle est merveilleuse ». Elle peut générer des dérives comme la bombe atomique ou des choses qui pourraient être encore bien pires. Mais la technologie est aussi ce qui sauve et enrichit nos vies de tant de façons.

L'apocalypse étant technologique, elle est le fruit des humains. Qu'est-ce qui justifie une fin du monde de cette nature ?

Il était important pour moi que l'apocalypse soit provoquée par les humains, qu'elle soit le résultat de l'avidité humaine, de notre stupidité, de notre penchant pour l'autodestruction. Cela m'apparaissait être une meilleure forme d'apocalypse pour nous, plutôt que quelque chose qui viendrait d'une planète étrangère ou de la nature elle-même. *Horizon* est un jeu qui nous plonge dans un monde où il y a une part égale entre nature et mécanicité. C'est une sorte de terre cybernétique. Il m'a semblé important que les forces apocalyptiques soient issues de la technologie humaine... et que, pour autant, les forces qui donnent l'espoir de dépasser cette apocalypse soient également technologiques. Encore une fois, c'est une question d'équilibre.

Cette histoire se situe 1000 ans dans l'avenir, mais des éléments du présent (structures familiales, langues...) ont perduré. Pensez-vous qu'il y ait des constantes dans l'humanité ?

Je ne sais pas ce qui pourrait changer chez nous en tant qu'espèce et en tant que sociétés, dans l'avenir. Mais en écrivant *Horizon*, j'ai fait le choix de présenter les êtres humains de façon familière plutôt qu'exotique. Donc, oui, les structures familiales sont très identifiables. Avec le studio, nous avons également choisi d'écrire dans un anglais américain vernaculaire, plutôt que de créer un nouveau dialecte. Mais évidemment, même si des gens sortaient d'un bunker dans 500 ans en parlant l'anglais américain, ils ne parleraient plus l'anglais américain encore 500 ans plus tard. Ce n'est pas ainsi que la langue fonctionne. Pour autant, nous ne voulions pas qu'il y ait une barrière ou un obstacle à franchir pour entrer dans ce monde. J'avais cette sensation que celui-ci était déjà assez nouveau à bien des égards. Nous avons donc présenté des groupes tribaux humains d'une manière qui correspondait à celle de nombreux groupes humains du monde entier, avec une structure familiale assez traditionnelle et ce genre de choses, pour que les joueurs et les joueuses se familiarisent avec l'univers.

Des aspects de l'histoire d'*Horizon* sont-ils particulièrement pertinents pour notre époque ?

Je pense que oui. De toute évidence, le changement climatique relève d'une anxiété constante en toile de fond. Par ailleurs, le monde dans lequel nous vivons est une forme de mélange cybernétique entre les technologies et la nature. Et c'est ce qui fait que ce jeu et son histoire sont très probablement pertinents aujourd'hui. Pour être franc, je n'ai pas créé cette histoire pour transmettre un message, je ne voulais pas prêcher l'écologie ou quoi que ce soit. La meilleure chose à faire est de créer une histoire très percutante, et si cela fonctionne, alors les gens vont y réfléchir et ils arriveront à leurs propres conclusions. Je pense que c'est beaucoup mieux. En tout cas, oui, *Horizon* dit des choses sur notre époque.

Le futur décrit dans *Horizon* pourrait-il mener à une nouvelle civilisation plus utopique ?

Je ne pense pas. Je crois que le monde continuera d'être imparfait et faillible, un peu comme le nôtre. Même dans *Horizon*, il y a des guerres, de la cruauté, des gens qui se maltraitent les uns les autres. Ces aspects sont toujours là. *Horizon* représente une vision du monde pleine d'espoir, mais je ne pense pas qu'elle soit naïvement optimiste : elle reconnaît qu'en tant qu'êtres humains, nous avons beaucoup d'impulsions et, si certaines sont vraiment bonnes, beaucoup sont mauvaises. J'espère cela dit que l'histoire d'Aloy est une histoire qui donne une chance au monde. Ce qui est vraiment important dans ce qu'a conçu Elisabeth Sobek (la créatrice de l'IA), ce qu'a fait Gaia (l'IA), et ce qu'a accompli Aloy, c'est que leurs actes nous donnent une chance d'essayer de faire mieux, en corrigeant et en améliorant les choses. C'est pourquoi je dirais que c'est plein d'espoir.

Quel est l'enseignement que l'on peut tirer du jeu, dans son ensemble ?

Une chose que je peux partager avec vous, c'est que le studio a cherché à trouver une très courte phrase pour décrire le thème d'*Horizon Zero Dawn*. C'était après que nous ayons déjà créé toute l'histoire, et nous voulions la résumer. Cette phrase était : « *La vie triomphe de la mort parce que les liens de l'amour entre les générations sont plus forts que l'acier et plus puissants que toute force mortelle mécanisée.* »

Ce qui me semble pertinent, c'est aussi cela : les générations humaines successives doivent être capables de faire passer leurs héritages vers la suivante. D'un côté c'est une histoire individuelle, de l'autre cela nous concerne toutes et tous.

PIA GUERRA
UNE HISTOIRE DE RECONSTRUCTION

En 2008, la dessinatrice Pia Guerra remportait le prestigieux Prix Eisner, aux côtés de Brian K. Vaughan, pour *Y le dernier homme*, série de comics dont elle est la cocréatrice. « *Le meilleur roman graphique que j'aie jamais lu* », disait l'écrivain Stephen King au sujet de cette bande dessinée. La série a été publiée entre 2002 et 2008, devenant rapidement culte.

Dans *Y le dernier homme*, la planète entière bascule lorsque, le 17 juillet 2002, tous les êtres vivants porteurs du chromosome Y meurent. Il ne reste plus que deux mâles sur Terre : Yorick, et son singe Esperluette. Les femmes doivent organiser la reconstruction du monde et lancer des pistes scientifiques pour éviter l'extinction de l'espèce humaine. En compagnie de la mystérieuse agent 355 et de la généticienne Allison Mann, Yorick se lance dans un voyage à la fois pour chercher une solution et pour retrouver la personne qu'il aime, avec qui il a perdu contact lors de la catastrophe.

Lors d'un panel, au New York Comic-Con 2019, Pia Guerra expliquait avoir découvert récemment le hopepunk. Ce nouveau genre littéraire, né au cours des années 2010, présente des récits qui intègrent une sorte d'espoir rebelle refusant l'idée d'un avenir sombre et sans issue. « *J'ai réalisé que c'est ce que nous avions fait* » avec *Y le dernier homme,* affirmait-elle. Pour cette raison, nous avons échangé avec Pia Guerra sur ce que nous dit cette bande-dessinée de notre présent et sur certains des aspects positifs que peut porter un récit post-apocalyptique.

L'ENTRETIEN

Quelle est la part d'optimisme dans *Y le dernier homme* **?**

C'est une histoire de désastre mais qui parle de reconstruction, ce que l'on ne voit pas si souvent. Habituellement, dans un récit de catastrophe, ou sur un événement qui change le monde, l'accent est mis sur la survie immédiate, la mise à l'abri, les retrouvailles avec les personnes perdues dans le chaos. Une fois ces objectifs atteints, les protagonistes se tiennent dans les décombres, regardent leur monde totalement détruit, et le générique défile.

Y le dernier homme nous parle de l'après. Où allons-nous à partir de là ? En quoi sommes-nous différents maintenant ? Comment le paysage a-t-il changé ? Qu'avons-nous appris de l'ancienne façon de faire les choses ? Comment créer du neuf sur cette base ? C'est un défi intéressant et plein d'espoir.

Est-ce que *Y le dernier homme* **parle indirectement du monde d'aujourd'hui ?**

Les obstacles auxquels les personnages sont confrontés sont généralement complexifiés par les inégalités de l'ancien monde ; par les systèmes qui se sont effondrés parce qu'ils étaient fortement dominés par les hommes ; par les infrastructures qui doivent être reconstruites à partir de zéro. Tout cela représente un changement de paradigme massif. Les personnages doivent affronter des angles morts et s'efforcer de résoudre les problèmes, en changeant les perspectives. C'est beaucoup de travail, à la fois intérieur et extérieur, et ce n'est pas facile. L'histoire reflète ce que nous vivons dans le monde réel, avec l'évolution des idées sur les rôles et les responsabilités des hommes et des femmes. C'est probablement encore plus vrai aujourd'hui qu'à l'époque où *Y le dernier homme* a été publié pour la première fois.

L'art et la fiction ont donc un rôle politique ?

Bien sûr que oui. L'art a toujours été un miroir de la société, reflétant notre paysage actuel, nos luttes et ce que c'est que d'être humain... qu'il s'agisse d'une autobiographie détaillant des événements de l'enfance, ou d'une allégorie sur des animaux de la ferme prenant le contrôle des moyens de production. L'art joue un rôle important en mettant en lumière des choses que nous ne voyons pas forcément, en partageant des expériences que nous n'avons peut-être pas vécues. *Y le dernier homme* y parvient en montrant comment notre monde actuel est si gravement déséquilibré que, lorsqu'il bascule, cela nécessite beaucoup plus d'efforts pour le redresser que s'il était plus égalitaire.

La conscience d'avoir survécu, l'épée de Damoclès d'une possible extinction... Comment décririez-vous la façon dont cela affecte humainement vos personnages ?

Je vois les femmes survivantes comme étant conscientes de la menace, mais faisant ce qu'elles peuvent pour changer cette issue. Elles trouvent une généticienne pour les aider à résoudre le mystère de l'événement originel et éventuellement trouver un moyen de cloner des hommes, ou au moins de créer les futures générations de femmes. Nous voyons des communautés travailler ensemble pour rallumer les lumières, pour reconstruire ce qui a été brisé. En fait, elles sont tellement occupées par la reconstruction, qu'elles ne se laissent pas vraiment aspirer par le désespoir et le combattent même activement. Elles se soutiennent mutuellement, trouvant ce dont chacune a besoin pour aller de l'avant.

Comment avez-vous dépeint une version effondrée de notre monde ?

J'aurais probablement pu me concentrer davantage sur le délabrement des lieux abandonnés, la façon dont la nature revient

Couverture de *Y le dernier homme.*
(Vertigo)

si vite lorsqu'il n'y a plus personne pour la retenir. J'ai travaillé avec des recherches d'images sur Google, à l'époque où c'était encore une bibliothèque assez limitée, et une pile de National Geographic. Au fur et à mesure que la BD évoluait, j'ai pu trouver davantage de références pour m'aider à créer ce monde. Mais comparé à ce qui existe aujourd'hui, des centaines de blogs consacrés aux lieux abandonnés, les visites de Tchernobyl... la BD aurait pu être très différente si elle avait été faite aujourd'hui.

Il y avait certains films auxquels je revenais souvent : *Jusqu'au bout du monde*, *Last Night*, *28 Jours Plus Tard*, *Deep Impact*, *Six-String Samurai*. J'ai aussi gardé en mémoire un trop grand nombre d'histoires de catastrophes nucléaires de mon enfance, que je n'avais pas forcément envie de revoir, mais qui m'ont toujours influencé : *Threads*, *Le Jour d'après*, *L'aube de l'apocalypse*, *Appel d'urgence*, *Tempest*, *La Force du silence*, *Alas Babylon*, un tas d'épisodes de *La Quatrième Dimension*. Les histoires de fin du monde m'accompagnent depuis très longtemps, il n'a donc pas été difficile de construire ce paysage dans ma tête.

Y le dernier homme vous accompagne depuis plusieurs années. Avez-vous déjà imaginé ce que vous feriez, comment vous pourriez vous sentir si vous étiez dans votre propre bande dessinée ?

Oui. Chaque jour, en travaillant sur cette BD, j'imaginais être dans ce monde et je me demandais comment j'allais m'y retrouver. C'était assez naturel. Enfant, j'imaginais une guerre nucléaire, donc j'en ai des visions plutôt détaillées. Qui plus est, à travailler sur toutes ces pages pendant si longtemps, votre esprit a tendance à n'avoir aucun autre endroit où aller. Alors oui, c'était très vivant et précis. J'étais tout de même contente, quand les comics étaient terminés, de quitter ce monde et d'aller dans d'autres endroits. *Y le dernier homme* entrait parfois dans mes rêves et cela devenait un peu déprimant.

Ellie, dans *The Last of Us Part II*.
(Sony / Naughty Dog)

PARTIE 3
SURVIVRE NE SUFFIT PAS

C'est sur quelques accords de guitare que le jeu *The Last of Us Part II* (2020) a démarré sa promotion, au cours d'une première bande-annonce dans laquelle Ellie, l'héroïne, chante le morceau *Through The Valley*. La musique jouera ensuite un rôle fondamental dans cet opus.

Dès le premier jeu, sorti en 2013, alors qu'Ellie n'était qu'une enfant « escortée » par Joël dans ce monde post-apocalyptique, l'homme lui avait promis que, lorsqu'ils s'en sortiraient enfin, celui-ci lui apprendrait la guitare. L'une des premières scènes de la suite, la fameuse *Part II*, tient cette promesse : Joël apprend à Ellie à jouer. Puis, au fil de ce nouveau périple, l'héroïne aura différentes occasions pour glisser quelques accords de guitare, dans un magasin de musique abandonné ou dans un théâtre délabré. Ces instants musicaux représentent des pauses douces et poétiques dans une quête violente, un monde effondré menaçant. Ce sont aussi des moments qui relient Ellie à Joël. Et ce liant est crucial, à mesure qu'avance l'histoire, car il donne une signification à la quête d'Ellie.

Comme nous l'avons déjà évoqué à quelques reprises, les quêtes post-apocalyptiques sont aussi des quêtes de sens dans un monde qui, bouleversé, ne semble plus en avoir. Les arts peuvent jouer un rôle central dans cette mise en sens. Et cela révèle alors ce qui est important, essentiel, dans ce qui permet à la vie de prendre le pas sur la survie. C'est ainsi que l'un des personnages du roman *Dans la forêt*, de Jean Hegland, continue de danser, quand bien même l'absence de courant électrique l'empêche de s'accompagner des morceaux de musique qui rythmaient autrefois ses pas.

Le roman d'Emily St. John Mandel, *Station Eleven,* aborde cette question de manière plus frontale encore. Nous y suivons, quelques années après un effondrement pandémique, une troupe artistique itinérante. Celle-ci voyage au fil des petites communautés survivantes pour y proposer des représentations musicales et théâtrales. Les artistes offrent, à celles et ceux qu'ils croisent, un moment de bonheur, qui n'implique aucun effort de survie, de reconstruction, de combativité. L'héroïne, Kirsten, membre de cette troupe, s'est fait tatouer à l'âge de quinze ans « *Survivre ne suffit pas* ».

C'est alors devenu son mantra dans ce monde dévasté mais où elle trouve une forme d'épanouissement dans son activité de musicienne et au sein du collectif itinérant. La romancière dresse d'ailleurs un parallèle étonnant avec notre présent au travers de flashbacks où, paradoxalement, les êtres humains semblent « zombifiés » par des poids sociaux et professionnels qui freinent toute possibilité d'épanouissement. Emily St. John Mandel applique finalement le mantra « survivre ne suffit pas » tout autant à son futur post-apocalyptique qu'à notre propre époque.

De manière plus universelle encore, la notion d'espoir est presque inhérente au genre. L'espoir incarne un besoin de mise en sens même lorsque tout semble perdu. Nous avons demandé à Jannik Tai Mosholt, le showrunner de *The Rain*, de nous parler de la genèse des aspects les plus positifs de sa série post-apocalyptique diffusée sur Netflix. Sa réponse fait reposer l'espoir sur les relations humaines : « *Notre leitmotiv en interne a toujours été "il y a encore de l'espoir". Nous voulions montrer que les relations humaines sont ce qui prime, ce qui fait de nous des êtres humains. Que même si tout disparaît du jour au lendemain, tout est encore possible, toutes ces émotions et ces relations sont toujours là. Et nous devons nous rappeler que nous ne pouvons pas vivre seuls, les relations sont tout ce que nous avons (ou du moins, c'est ce que nous pensons).* »

Ce leitmotiv d'espérance a été écrit, dans *The Rain*, autour du personnage spécifique de Simone. C'est sa personnalité, ses dialogues, son comportement, qui incarnent le dépassement de la survie au fil de la série. Jannik Tai Mosholt nous confie : « *Elle est le phare de l'espoir tout au long de la série. Elle est celle qui insiste constamment sur le fait que les choses vont s'améliorer, que le monde peut être changé pour le mieux, même s'il semble ruiné et que tout le monde autour d'elle dit qu'il n'y a plus d'espoir. Simone insiste sur le fait que cette vie après l'apocalypse ne devrait pas seulement consister à survivre, mais à être humain* ».

Concept arts réalisés par Alexandria Neonakis.

The Last of Us : être humain dans un monde post-apo

En quoi consisterait « être humain » dans un monde post-apocalyptique ? C'est ce dont nous avons parlé avec Alexandria Neonakis, character artist de *The Last of Us Part II*. Dans la conception d'un jeu vidéo, ce rôle consiste à représenter visuellement les personnages, voire des scènes, au fil de l'écriture narrative. Cela aide les scénaristes à structurer l'histoire. Plus encore, cela contribue à développer les personnages, tant leur histoire que leur personnalité, ce qui influe *in fine* sur le récit.

« *Lorsque l'on conçoit des personnages et des costumes pour un jeu comme The Last of Us, le contexte post-apocalyptique est présent dans chaque choix qui est fait* », nous dévoile Alexandria Neonakis. La conception des vêtements est pilotée par une problématique spécifique : « *Est-ce pratique ? Ces personnages doivent parcourir des kilomètres dans un environnement humide, quel impact cela a-t-il sur leur choix de chaussures, de vestes ?* ». La character artist ajoute que le contexte post-apocalyptique implique une autre particularité : il n'y a plus de vêtements neufs, raison pour laquelle il fallait prendre sans cesse en compte que « *la plupart des articles portés par les personnages existent depuis plus de 25 ans à ce stade* ». Graphiquement, l'enjeu qui en découle est de montrer une usure crédible. L'équipe artistique de *The Last of Us Part II* a passé « *des mois voire des années à discuter de ces choix* », à la fois à l'échelle de chaque personnage pour que chacun soit identifiable, mais aussi à une échelle plus microscopique en étudiant le vieillissement des matériaux choisis.

Alexandria Neonakis nous cite l'exemple de Dina, l'un des personnages centraux de cet opus du jeu : « *Lorsque nous avons conçu une chemise pour Dina, nous l'avons soigneusement vieillie autour des zones qui s'usent le plus rapidement. Les signes les plus visibles de l'ancienneté sont les coutures et les ourlets. Il y aura plus de saleté et de crasse autour des zones comme le bord de la manche et le col en raison de la sueur et du frottement contre la peau.* » Chaque élément présent sur une simple chemise a été « *soigneusement étudié en fonction de l'histoire du personnage, de son expérience à l'écran et hors écran* ».

Alexandria Neonakis nous confie avoir discuté des heures, avec Ashley Swidowski (la directrice artistique), de la personnalité de Dina – ce qu'elle aime ou déteste. De cette façon, chaque personnage devenait un être humain à part entière, un individu ayant une vie complète au-delà de l'aventure narrée à l'écran. « *Nous nous sommes penchés sur chaque détail les concernant, pendant des années, dans l'espoir que tout cela aiderait les joueuses et les joueurs à les voir comme des personnes réelles, crédibles, auxquelles s'identifier et entrer en empathie* ». Les personnages de *The Last of Us* ne sont pas seulement des survivants armés jusqu'aux dents pour combattre des zombies et des factions ennemies. Comme nous, ils ont des goûts, des envies… ils habitent totalement le monde. « *Je pense que c'est là où nous avons le plus injecté la dimension 'survivre ne suffit pas'* », nous dévoile Alexandria Neonakis.

Un lieu comme la chambre d'Ellie, située dans la colonie autonome de survivants où démarre le second opus, « *montre qui elle est au-delà de ce que nous vous montrons dans le récit* ». Dans cette chambre, « *vous y voyez son histoire, ses goûts et ses dégoûts. Ce qu'elle économise au fil du temps et ce qu'elle jette. Tout cela contribue à l'étoffer et à faire d'elle une personne à part entière. De petites choses comme le motif sur la tasse de Joël [un hibou], ou le type d'objets que Dina et Ellie accrochent aux murs de leur maison, ont été choisies et réalisées avec soin pour construire le monde qui les entoure et montrer que leur vie est riche et bien remplie.* »

Être humain dans un monde post-apocalyptique et être humain dans notre monde n'est peut-être pas si éloigné. Il en va de même pour les instants de bonheur et de malheur : pendant le développement de *The Last of Us Part II*, « *on m'a souvent demandé de peindre des moments tendres ou plus doux, car c'est ce que je sais le mieux faire passer* », se rappelle Alexandria Neonakis. « *Toutes les histoires de ce genre ont besoin de ces moments plus doux, pour contrebalancer les plus mauvais, sinon elles risquent d'être gratuites et trop sombres, sans aucun espoir de rédemption.* »

Concept arts réalisés par Alexandria Neonakis.

PAT MURPHY
UNE UTOPIE ARTISTIQUE

Dans *La Ville peu de temps après*, l'apocalypse laisse place à une utopie. Quelque temps après une pandémie qui a mis fin à la société thermo-industrielle actuelle, le monde a sombré dans le chaos, avant que ne se reforment de petites communautés. Au cœur de San Francisco, aux États-Unis, des artistes se sont rassemblés pour fonder une nouvelle société mue par un idéal de paix, portée par la notion de collectif, et reposant sur les arts – ou, plus précisément, sur les facultés artistiques de chacun et chacune.

Les arts, qu'ils soient visuels, musicaux ou littéraires, sont le ciment premier de cette petite communauté. On y croise un grapheur, un tatoueur, une romancière. Les habitants et les habitantes parsèment ainsi la ville de leurs créations, donnant mille et une couleurs à ce San Francisco post-effondrement. Cette nouvelle ville, décrite par Pat Murphy, a tout d'une utopie positive.

Cet équilibre est toutefois menacé par le général Miles qui, de son côté, a fondé une société militariste, brutale, dont l'objectif est de rétablir l'Amérique du monde d'avant. Pour lutter contre cette menace, les membres de la communauté artistique refusent d'utiliser les armes : ils vont plutôt mobiliser leurs rêves ainsi que la ville elle-même.

Initialement publié dans les années 1990 et traduit en France en 2021 (chez Les Moutons électriques), ce roman de Pat Murphy prend le contexte post-apocalyptique comme un terreau fertile pour y bâtir une utopie artistique et pacifiste. C'est ainsi que, tout en relevant de la littérature post-apocalyptique, *La Ville peu de temps après* appartient à la collection de la maison d'édition française nommée « Besoin d'utopie ».

L'ENTRETIEN

Pourquoi le contexte post-apocalyptique vous semblait-il adapté pour construire les prémisses d'une utopie remplie d'espoir et de renouveau ?

Quel meilleur moment pour un nouveau départ que la fin du monde tel que nous le connaissons ? Un changement apocalyptique exige une certaine forme de réponse. Cette réponse peut être une réimagination optimiste du monde tout comme elle peut être une vision sombre de l'avenir. Les nouveaux départs sont souvent le fruit de la douleur, des problèmes et de la destruction.

Je suppose que, s'il fallait résumer, ce serait ainsi : je suis une personne pleine d'espoir dans l'âme. Si je prends le temps d'imaginer un nouveau monde, je veux que ce soit un monde dans lequel j'ai envie de vivre, un monde meilleur que celui dans lequel nous vivons aujourd'hui.

En quoi l'expression artistique peut-elle être une base adéquate pour reconstruire une société plus pacifique, voire globalement meilleure ?

La communauté d'artistes décrite dans ce livre est née de mon expérience de travail à l'Exploratorium, un musée de la science, de l'art et de la perception humaine. Frank Oppenheimer, un brillant physicien et éducateur scientifique, a fondé le musée en 1974. J'ai fait partie du personnel du musée pendant plus de 20 ans.

Beaucoup de gens pensent que l'art et la science sont opposés l'un à l'autre – des modes de pensée totalement différents. Frank a adopté un point de vue différent : il pense que ces disciplines ont plus en commun que la plupart des gens ne le pensent. L'art et la science exigent tous deux une capacité accrue à reconnaître les modèles dans la nature. Les artistes et les scientifiques travaillent à rendre ces modèles visibles pour les autres. Dès le début, le musée a eu un programme d'artistes en résidence et certaines des expositions les plus populaires (et les plus intrigantes) ont été réalisées par des artistes.

Le personnel du musée comprenait un artiste qui peignait avec la lumière, des compositeurs qui travaillaient avec divers sons, des sculpteurs qui étaient également physiciens, et bien d'autres qui travaillaient sur des frontières où l'art et la science se chevauchaient. Travailler au sein de cette communauté créative, passionnante et souvent controversée, m'a convaincu qu'une société comme celle décrite dans *La Ville peu de temps après* était possible et qu'une communauté créative de ce type était capable de changer le monde pour le mieux.

Cette communauté artistique valorise chaque individu, tout en mettant l'emphase sur le collectif. Son unité est dans sa diversité. Pourrions-nous tirer certaines leçons de cette utopie, dans son organisation sociale ?

Je ne sais pas s'il y a des leçons à tirer. Mais je peux vous faire part de certaines de mes réflexions sur les organisations, qui ont influencé la communauté des artistes.

Certaines personnes considèrent une organisation comme une machine : un ensemble de parties isolées qui fonctionnent ensemble de manière mécanique pour atteindre un objectif particulier.

Je pense que l'organisation idéale ressemble davantage à un écosystème, où les organismes interagissent de manière complexe et évoluent avec le temps. Les artistes ont adopté cette forme. Davantage que la somme de ses parties, ce collectif a évolué d'une certaine manière grâce à des sensibilités, des idées et des objectifs communs, ainsi qu'à des amitiés et des relations qui créent des liens au sein du groupe. Les sensibilités et les objectifs partagés unissent le groupe, le réseau d'amitiés et de relations le fait bien fonctionner. Comme ces artistes, j'apprécie les organisations qui permettent et encouragent la collaboration, où les individus ont une vision personnelle forte qui contribue à la vision plus large du groupe ; où le réseau d'amitiés forme une structure invisible qui permet au groupe de fonctionner, même en cas de difficultés.

La paix de cette communauté est menacée par un groupe militaire. Ce conflit est-il le résultat d'une tension humaine entre création et destruction ?

Je ne décrirais pas le conflit dans cette histoire comme étant la création contre la destruction. Je le vois plutôt comme une opposition entre l'innovation et le retour au passé. Il y a des gens qui voudraient reconstruire le monde tel qu'il était – ou tel qu'ils pensent qu'il était. Et il y a des gens qui veulent construire un monde nouveau. Je pense que c'est une dynamique qui a toujours existé et qui existera probablement toujours. En temps de crise, les gens cherchent ce qui les réconforte. Certains d'entre nous recherchent le changement, expérimentent de nouvelles façons de vivre et y trouvent du réconfort. D'autres cherchent le réconfort dans le familier, le traditionnel, les manières « éprouvées » du passé.

Les artistes sont des innovateurs, qui créent un monde nouveau. Le groupe des militaires s'efforce de réhabiliter sa vision conservatrice du passé. Bien que je me place clairement du côté des artistes, je sais que l'innovation et le changement radical peuvent être très inconfortables – évoquant des sentiments de confusion, d'incertitude, de perte de contrôle.

Trente ans après la parution du roman, certaines scènes prennent-elles un sens différent pour vous ?

Il est intéressant de répondre à des questions sur un livre que j'ai écrit il y a si longtemps. Pour répondre à cette interview, je me suis replongée dans le livre pour lire des passages que j'avais écrits il y a trente ans – et j'ai été surprise de trouver des scènes qui ont une signification plus forte aujourd'hui qu'à l'époque où je les ai écrites.

Les plus remarquables sont peut-être les discours du général qui dirige l'organisation militaire qui envahit la ville où vivent les artistes. Lorsque j'ai écrit le roman, Donald Trump était occupé à acquérir des hôtels et des casinos (qui ont ensuite fait faillite). Personne n'aurait pu deviner qu'il deviendrait un jour président. Mais le général prononce des discours qui auraient eu toute leur place dans un meeting de Trump, en appelant son public à se souvenir qu'il est américain, vantant les gloires du passé et diabolisant ceux qui ne sont pas d'accord avec lui.

Les artistes s'opposent au général en utilisant la créativité et l'humour pour lutter contre les forces de la violence. Bien qu'écrites il y a longtemps, leurs actions pourraient avoir été inspirées par les œuvres d'artistes au cours des années de la présidence Trump.

Je suis étonnée de percevoir tant d'échos de l'avenir dans mes écrits du passé.

Pourquoi est-ce important de développer des récits qui donnent de l'espoir envers le futur ?

Les auteurs de fiction ont, dans une certaine mesure, le pouvoir de contrôler votre esprit. Lorsque vous vous abandonnez à un bon livre, vous en venez à croire au monde de l'auteur ; à croire en sa perception du fonctionnement du monde. Si un livre est convaincant, vous y croyez à un niveau très profond. Le monde dépeint dans le livre s'infiltre dans votre inconscient et fait partie de votre expérience du monde.

De cette façon, les histoires que nous lisons et celles que nous racontons contribuent à façonner notre identité. Elles s'insinuent dans notre chair et nous montrent comment nous comporter, à quoi nous attendre, qui nous pouvons être. Elles nous montrent de nouvelles possibilités, peut-être des moyens de rendre le monde meilleur qu'il ne l'est aujourd'hui. La science-fiction est la littérature des expériences de pensée.

Celles qui m'intéressent le plus sont celles qui portent sur les changements dans la société, dans les rôles femmes-hommes, dans les relations entre les gens et avec les autres intelligences du monde qui les entoure – qu'il s'agisse d'extraterrestres ou d'IA. Et les futurs meilleurs sont ceux qui m'intéressent le plus.

En fin de compte, je crois que la science-fiction peut changer le monde pour le mieux. Parce que la première étape pour changer le monde est d'en imaginer un nouveau.

À plusieurs reprises, dans *The Last of Us Part II*, les joueurs et les joueuses peuvent jouer de la guitare avec le personnage d'Ellie.

ESTELLE FAYE

DANS LE PARIS POST-APOCALYPTIQUE

« *La ville s'est à peine reconstruite que certains oublient déjà comment elle a été en grande partie détruite* » : dans *Un éclat de givre* et *Un reflet de Lune*, l'écrivaine française Estelle Faye a mis fin au monde tel qu'on le connaît. Détruite par des désastres écologiques, l'humanité ne cesse pourtant de répéter les mêmes erreurs.

Pour autant, dans le Paris effondré et lugubre décrit par Estelle Faye, une lumière perdure. L'apocalypse n'a pas annihilé les arts, loin de là. Les spectacles vivants, les concerts, les livres, font toujours partie de la panoplie de l'humanité.

« *Je chante à l'Opéra Garnier, ce soir. Pas sur la scène, mais sur les toits. Ou plutôt les terrasses, qui ont pris la place des anciennes coupoles, des dômes de cuivre verdi dont j'ai trouvé quelques images dans les archives de la Sorbonne.* » Ces mots sont ceux du héros, Chet, chanteur et musicien de cabaret façon jazzman. Un personnage qui, par ailleurs, n'hésite pas à dépenser quelques sous durement gagnés dans ce Paris post-apocalyptique pour acheter un vieil illustré auprès d'un bouquiniste.

Sous la plume d'Estelle Faye, les arts semblent en définitive être la clé de voûte pour dépasser la survie, et ainsi pour que la vie prenne un sens plein et entier.

Chet est chanteur et musicien. Musique, livres, théâtre : la culture semble être l'une des choses qui ont subsisté de l'ancien monde. Peut-on définir les arts comme un ciment culturel qui apporte du sens... même après une fin du monde ?

L'une de mes principales pistes de réflexion, quand j'ai créé cet univers, c'était de me demander ce qui pouvait subsister après la catastrophe, ce qui a toujours été là dans l'Histoire de l'Humanité, aussi, et ce qui structure, au-delà même des sociétés, la base de la pensée humaine : les histoires qu'on raconte, la manière dont, au travers des histoires, nous trouvons ou nous retrouvons malgré tout une prise sur le monde. C'est cette quête de sens, cette mise en histoire tant du monde que de sa propre vie, qui permet à Chet de tenir, de se relever, d'avancer malgré tout.

Et les histoires du monde d'avant, ou ce qu'il en reste, fournissent les fondations nécessaires, le recul aussi parfois, dont Chet et ce monde ont besoin pour se raconter, pour ne pas se perdre. Nous comprenons, nous saisissons d'autant mieux le monde que nous avons des références culturelles, historiques, philosophiques pour nous y aider – et pour comprendre aussi que nos erreurs, nos errances ne sont pas fondamentalement nouvelles, qu'on peut apprendre des siècles, et des livres, films, etc. du passé. Les histoires, aussi, nous relient à quelque chose qui nous dépasse, qui est plus grand que nous. Quand dans le quotidien nous ne pouvons pas, ou nous pouvons moins, nous raccrocher à des habitudes, des certitudes, ce lien devient d'autant plus précieux.

Chet affirme que les rêves et l'espoir font partie de ce qu'il a de plus important. Votre univers post-apo est-il « optimiste » ?

J'ai créé cet univers entre autres en réaction face à une bonne part du post-apo que j'avais déjà lu alors, qui était parfois, souvent, très bien écrit, mais extrêmement sombre et déprimant de bout en bout. Il y avait presque, parfois, une sorte de volupté à se complaire dans le désespoir, le temps d'une lecture, pour pouvoir ensuite dans le monde réel retrouver le petit confort de nos existences, qui par comparaison nous paraissait d'autant plus douillet.

Même si souvent ces romans nous mettaient en garde contre ce qui, dans notre présent, mène vers l'apocalypse, de plus en plus je me demande quel est l'impact réel de ce message. Car quand on nous affirme que de toute manière tout est déjà perdu, tout est déjà joué et l'Humanité court de toute façon à sa perte, au final à quoi bon se battre ? Est-ce qu'il n'y a pas, paradoxalement, un côté démobilisateur dans certains de ces romans ?

Enfin, il y a dans le post-apo parfois une certaine forme d'arrogance. Car certes c'est notre civilisation qui porte en germe la catastrophe, mais elle reste malgré tout... eh bien, une civilisation, et c'est toujours mieux que les âges barbares, sauvages et cruels qui découlent d'une apocalypse.

Je voulais sortir de cette vision-là, et parler avant tout de ceux qui restent, ceux qui survivent, qui reconstruisent... Ceux qui sans doute, sur certains points aussi, gèrent effectivement le monde mieux que nous. Le monde de Chet est évidemment très dur, et les romans ne font pas l'impasse sur cet aspect-là, cependant par certains aspects il peut aussi faire rêver, malgré tout.

L'un des symboles en est la réappropriation dans cette ville, par le peuple, par la culture, de lieux qui aujourd'hui ont été de fait interdits, voire ont complètement disparu (la piscine Molitor par exemple, passée dans notre monde de friche de culture urbaine à club select pour grands privilégiés).

On entre en empathie avec Chet comme s'il était notre contemporain, sans distance malgré des mondes éloignés. Souhaitiez-vous faire tomber la barrière présent/futur ?

Je voulais sortir de cette arrogance du présent que je décris à la question précédente, et justement me mettre, et mettre le lecteur, dans la peau d'un être humain de cette époque, qui n'a jamais connu que cela. C'est pour moi l'une des grandes forces et l'un des principaux centres d'intérêt de la littérature : sortir de sa carcasse, se mettre dans la peau d'un autre, voire expérimenter le monde à travers lui. Mais également il y a beaucoup de moi en Chet, mon amour pour Paris, pour le théâtre...

Votre univers est centré sur la ville de Paris. Elle ne fait pas simplement office de contexte, elle joue presque un rôle à part entière. Pourquoi cette ville est-elle si centrale dans le récit ?

Les lieux nous forment et nous forgent, et nous y laissons notre empreinte en retour. Paris est un lieu particulier pour moi, que j'ai beaucoup arpenté, que j'arpente encore. C'est un lieu chargé de couches et de couches d'histoires, de villes littéraires et rêvées qui se superposent à la ville réelle, des souvenirs de révoltes et de révolutions. Chaque lieu, chaque ville, a son énergie, son identité. Et même si ces dernières décennies, Paris a été assagie, policée, elle garde malgré tout en fond ce côté imparfait, vivant et âpre, auquel j'ai adoré laisser le champ libre après mon apocalypse.

La nature a repris ses droits dans votre description du néo Paris. Dans l'approche post-apocalyptique, y compris celle que vous proposez dans vos romans, est-ce qu'il n'y aurait pas cette conscience qu'à l'heure actuelle quelque chose cloche dans notre rapport à la nature ?

Il est vraiment difficile de nier ces problèmes aujourd'hui, à moins d'être trumpiste ou industriel dans le pétrole. Cependant, aujourd'hui, le post-apo et l'anticipation en général ne peuvent plus se contenter d'avertir. Je crois que nous sommes arrivés aux limites de la prise de conscience. Aujourd'hui, si l'on veut que notre littérature ait un impact sur le monde, il faut se demander comment transformer une prise de conscience en action.

Horizon Forbidden West.
(Sony / Guerilla Games)

PARTIE 4
UN RAPPORT À LA NATURE BOULEVERSÉ

« Kirsten et August cheminaient en silence. Un cerf traversa la route, devant eux, et s'immobilisa un instant pour les regarder avant de se fondre sous les arbres. La beauté de ce monde quasiment dépeuplé. Si l'enfer c'est les autres, que dire d'un monde où il n'y a presque plus personne? Peut-être l'humanité s'éteindrait-elle bientôt, mais Kirsten trouvait cette pensée plus apaisante que triste. Tant d'espèces étaient apparues sur la Terre et avaient disparu par la suite ; quelle importance, une de plus? D'ailleurs, combien d'humains restait-il aujourd'hui ? »
– Station Eleven, Emily St. John Mandel

La nature a repris ses droits. Voilà une affirmation qui définit une partie de l'esthétique post-apocalyptique. Il en résulte des panoramas visuels aussi effrayants que poétiques, ou, du moins, fascinants. Cette esthétique symbolise le bouleversement radical de notre rapport à l'environnement dans ces futurs possibles. La société n'est plus, l'être humain redevient un animal comme les autres, partie intégrante d'une nature plus grande que lui et qu'il ne peut plus dominer ni grignoter. Les immeubles et voitures des anciennes villes se fondent alors dans le paysage. Ces dernières sont rongées progressivement par une verdure d'herbes et de plantes montantes. Le territoire humain se fond avec celui d'autres animaux. Cette nature en devient plus verdoyante qu'elle ne l'a jamais été depuis des siècles, mais elle représente également une menace pour les personnages, les trajets sur les routes ou dans les forêts n'étant pas délimités, aucunement maîtrisés, par la civilisation effondrée.

Cette esthétique opère également un renversement de notre rapport présent à la nature. Elle est le reflet de constats écologiques actuels : changement climatique, pollution, sixième extinction. Nous nous situons dans une ère où les activités humaines ont une incidence significative sur les écosystèmes terrestres, ce que certains suggèrent d'appeler Anthropocène (« l'ère de l'humain »). Prenons la pollution lumineuse : il s'agit d'une « pollution » non seulement car la lumière de nos villes est visible de nuit depuis l'espace ; mais aussi parce qu'elle a un impact direct sur certaines espèces.

La biologiste Sara Lewis est spécialiste des lucioles, ces coléoptères qui émettent de la lumière. Leur mode de reproduction dépend entièrement de cette particularité. Or « *la pollution lumineuse (éclairage des rues, éclairage sportif, etc.) peut interférer avec la capacité des mâles à trouver les femelles* », explique Sara Lewis. Les femelles ne répondent pas aux signaux lumineux des mâles, notamment car, sur un fond de lumière vive, elles ne peuvent pas détecter les lueurs ou les flashs qu'ils émettent. « *La perte et la dégradation de l'habitat constituent clairement une menace majeure pour la survie de nombreuses espèces sauvages, et les lucioles ne font pas exception. Les lucioles ne sont pas très douées pour se disperser dans de nouveaux habitats. Par conséquent, si nous détruisons au bulldozer ou si nous bitumons les endroits où elles prospèrent, elles ne peuvent pas simplement plier bagage et partir ailleurs* », développe Sara Lewis. Mais il y a une bonne nouvelle, si l'on peut dire, au sujet de la pollution lumineuse : « *Elle est instantanément réversible. Il suffit d'éteindre l'interrupteur pour que la menace disparaisse.* »

Dans les récits post-apocalyptiques, la pollution lumineuse disparaît par la force des choses. Étonnement, d'ailleurs, le jeu vidéo post-apocalyptique *The Last of Us* a choisi le terme « Lucioles » pour désigner une organisation de survivants centrale dans l'histoire. Leur slogan : « *Quand vous êtes perdu dans l'obscurité, cherchez la lumière.* »

Dans la série danoise *The Rain*, la nature est omniprésente, à la fois verdoyante et oppressante. Le créateur, Jannik Tai Mosholt, nous a confirmé qu'il s'agissait là d'un choix volontaire pour contraster avec une société danoise où la « *vraie nature* » n'a plus tant de place pour s'épanouir, car elle a été « *domestiquée* » en grande partie. « *Nous sommes un pays très plat, traversé de lignes droites. Nous avons des bâtiments et des champs. Notre société est très linéaire. Nous voulions donc que la nature prenne le dessus sur tout. Nous voulions la dépeindre comme étant à la fois belle et dangereuse. Surtout dangereuse parce qu'elle nous est si étrangère. Nous l'avons contrôlée pendant si longtemps, nous voulions simplement inverser les choses, et laisser la nature reprendre tout ce que nous lui avions pris.* » Jannik Tai Mosholt poursuit : « *Nous ne sommes pas si proches de la nature, mais je pense vraiment que nous devrions l'être.* »

La nature est inscrite dans le genre post-apo

On pourrait intuitivement présupposer que la dimension écologique est récente dans les œuvres post-apocalyptiques, depuis que le changement climatique fait l'actualité et à mesure que ses effets deviennent perceptibles à échelle humaine.

Ce n'est pas tout à fait vrai. Dès 1910, l'écrivain français Rosny aîné écrivait *La Mort de la Terre*, en décrivant une planète rendue désertique par la surexploitation humaine. Mais il est possible de remonter encore plus loin : *After London*, publié en 1885 par l'écrivain britannique Richard Jefferies, narre comment la nature reprendrait progressivement sa place avec une chute de la civilisation. Il s'emploie alors à décrire des champs abandonnés reconquis par les forêts, des animaux domestiques redevenus sauvages, des routes et des villes à nouveau parsemées de végétation – Londres se transformant par exemple en marécage. Quant aux humains, Jefferies décrit leur société post-apocalyptique comme un « *retour à la barbarie* ».

Même Mary Shelley, en 1826, avec *Le Dernier homme*, roman pionnier du genre, s'employait à décrire une fin de l'humanité qui ne relevait pas de la fin de la Terre : pendant que le « dernier homme » est en situation de survie et d'isolement, la nature devient plus verdoyante que jamais, la romancière évoquant des fleurs, des fruits et des eaux étincelantes.

MONIKA KAUP

LE POST-APO,
REFLET DU DÉFI ÉCOLOGIQUE

Monika Kaup enseigne au département de littérature anglaise de l'Université de Washington. Dans son dernier ouvrage, *New Ecological Realisms: Post-Apocalyptic Fiction and Contemporary Theory* (2021), elle présente une thèse intrigante et très complète : la littérature post-apocalyptique du XXIe siècle serait représentative d'un changement profond dans notre rapport au monde, et tout particulièrement à l'environnement. Elle mobilise ainsi les romans de Margaret Atwood, José Saramago, Octavia Butler et Cormac McCarthy, pour les confronter à la thèse du « nouveau réalisme écologique ». Ce nouveau réalisme, impulsé par les constats liés au dérèglement climatique, considère l'interconnexion comme principe clé du monde.

Monika Kaup nous explique : « *Le sociologue des sciences Bruno Latour a soutenu avec force la nécessité de dépasser la distinction entre le domaine de la nature et celui de la société humaine. En effet, on peut considérer que le changement climatique – qui est le point central de la fiction post-apocalyptique contemporaine – apporte des preuves irréfutables en la matière. Du point de vue actuel, qui consiste à vivre sur une planète dont l'environnement est endommagé, l'idée cartésienne classique d'une réalité indépendante de l'observateur semble étrangement dépassée.* » En ce sens, les œuvres post-apo récentes reflètent non seulement l'indéniable défi écologique qu'est le changement climatique, mais également la façon dont ce défi renouvelle notre approche de la nature en développant « *une vision 'systémique' du réel* ».

Dans cet entretien, Monika Kaup nous parle, en détail et au gré d'exemples, de cette thèse écologique et littéraire.

L'ENTRETIEN

Qu'est-ce que la littérature post-apocalyptique révèle sur notre rapport contemporain à la nature ?

En réponse à l'impact destructeur du changement climatique, les écrivains de fiction post-apocalyptique contemporains tels que Margaret Atwood, Octavia Butler et Cormac McCarthy dépeignent une planète dévastée sur le plan environnemental, une « nature d'après ». Ce sont des romans de ce qu'on appelle l'Anthropocène, une époque où les humains sont devenus des agents géologiques, et ces œuvres montrent que la nature pure (en tant que royaume séparé hors de portée des humains) n'existe plus. La Terre post-apocalyptique – comme Brian McKibben appelle la planète que les humains ont fabriquée – est un monde qui est à la fois postnaturel et posthumain.

Les trois volumes de la trilogie *MaddAddam* en sont la meilleure illustration. En ce qui concerne la nature, il ne reste plus grand-chose d'organique dans le monde fictif de cette trilogie : les animaux transgéniques fabriqués par les entreprises de bio-ingénierie se sont échappés de leurs cages et des laboratoires, sont devenus sauvages et ont commencé à modifier les écosystèmes naturels. Il ne reste plus aucune trace du concept de nature sauvage, de nature « indomptée ». Dans le monde sauvage post-apocalyptique d'Atwood, s'aventurer dans la nature n'est plus une promesse d'échapper à la civilisation. Au contraire, elle permet de rencontrer des créatures qui sont des artefacts de la civilisation humaine.

Mais ces animaux n'obéissent plus aux programmes génétiques de leurs concepteurs.

Après le cataclysme, une poignée de survivants humains se retrouvent naufragés sur les ruines de la civilisation moderne. L'effondrement écologique les a dépouillés de leurs technologies modernes, et donc de leur domination sur la nature. Rétrogradés de maîtres à survivants, ils doivent se débrouiller dans un monde qu'ils ne peuvent plus soumettre à leur volonté. L'un des concepts clés de l'écologie, le concept de réseau de la vie, stipule que tous les organismes – y compris les humains – sont interconnectés par des relations avec les autres espèces et avec l'environnement non humain. Le monde post-apocalyptique d'Atwood est organisé par des principes écologiques : la survie humaine implique une négociation constante avec les autres espèces.

Au cours de la trilogie, les romans d'Atwood retracent pas à pas l'avènement d'un nouvel ordre écologique après l'anéantissement quasi total de l'humanité aux mains d'un bioscientifique et bioterroriste solitaire, Crake. Dans une tentative désespérée d'éviter l'effondrement environnemental imminent de la planète, Crake détruit l'humanité dans le cadre d'un grand projet utopique visant à « faire du neuf » : Crake conçoit les Crakers, une race transgénique d'humanoïdes créés pour prendre la place des humains. Pour éliminer l'humanité, il diffuse un virus mortel hyperinfectieux, distribué secrètement sous forme de produits pharmaceutiques aphrodisiaques. Les Crakers sont une race de végétariens douce mais rustique, non compétitive et non hiérarchique, collectiviste, conçue pour la coexistence écologique sur une planète qui se réchauffe et dont l'environnement est dégradé.

La vision d'Atwood n'est cependant pas tragique. Elle nous offre non seulement l'extinction planifiée par Crake (la fin violente de l'histoire moderne telle que nous la connaissons), mais aussi une évolution biologique non planifiée après l'extinction. Elle décrit l'histoire naturelle et culturelle autonome qui émerge des ruines de la civilisation moderne alimentée par les combustibles fossiles. Dans ce futur qui va de l'avant après l'effondrement de l'Anthropocène, les humains et les non-humains se regroupent au sein d'un collectif écologique transespèces dans le but d'assurer la survie collective interespèces, la coexistence et même le métissage.

Pourquoi désignez-vous Octavia Butler comme incarnation du récit post-apocalyptique comme « champ de sens » ?

En décrivant un changement social révolutionnaire au lendemain d'une catastrophe, la série des *Paraboles* d'Octavia Butler prend les contextes socialement organisés comme pierre angulaire du réel. Les deux volumes de la série – *Parabole du semeur* (1993) et *Parabole des talents* (1998) – sont organisés autour de la vie de Lauren Oya Olamina qui, après avoir été déplacée lors de la destruction apocalyptique de sa communauté (dans la banlieue de Los Angeles), devient une cheffe spirituelle qui fonde une religion post-apocalyptique appelée Earthseed (semence de la Terre). Earthseed est une métaphysique de la survie fondée sur la facticité de la catastrophe : sa maxime est « Dieu est changement ».

Dans une métaphysique de la contingence émergeant de l'expérience du désastre, Earthseed transforme le fait dévastateur de la destruction en un principe positif sur lequel fonder la survie post-apocalyptique. La métaphore d'Earthseed désigne la logique mobile de l'itinérance et du déplacement qui régit la survie dans le monde post-apocalyptique : à l'instar des plantes, qui survivent en se propageant au loin, en faisant pousser des racines pour ensuite se disperser à nouveau, les réfugiés post-apocalyptiques doivent mener une existence nomade, alternant entre « routes » et « racines ». Earthseed est un système de croyance écologique qui situe les humains dans un cadre biocentrique interconnecté, marquant ainsi la fin de la domination humaine sur la nature dans le monde post-apocalyptique.

Plus intrigant encore, l'ontologie des « champs de sens » du philosophe Markus Gabriel peut aussi éclairer la reconceptualisation de Dieu par le personnage d'Olamina. L'apocalypse est le champ qui réorganise les choses qui apparaissent en son sein. Butler montre que cette dépendance des objets à l'égard des champs est également valable pour le phénomène le plus sublime de tous : le divin. La destruction apocalyptique oblige Olamina à abandonner la notion classique de Dieu comme être immuable. Dans l'après-apocalypse, Dieu n'est plus absolu au sens où il existerait sans cause. La façon dont Dieu apparaît est nouvellement relative au monde post-apocalyptique dans lequel il apparaît. La notion de relativité de Dieu proposée par Olamina est révolutionnaire. Non seulement elle détrône le Dieu biblique, mais elle renverse aussi les notions traditionnelles du divin comme domaine de la perfection en général. En réduisant Dieu à une force réduite, soumise aux lois du monde post-apocalyptique dans lequel il apparaît, la série des *Paraboles* met en scène un nouveau réalisme écologique sous la forme narrative d'une « fin du monde » apocalyptique.

Dans cette littérature, l'humanité est certes divisée, mais les personnages ne peuvent survivre qu'en agissant ensemble. Les liens humains sont essentiels. Est-ce que cette littérature ne serait pas la consécration de la collectivité plutôt que l'individualisme ?

C'est une question intéressante qui met en évidence une caractéristique importante de la fiction post-apo contemporaine : sa célébration des petits collectifs. Une caractéristique frappante du monde post-effondrement dans la fiction post-apocalyptique du XXIe siècle est la disparition, ou la destruction permanente, des grands systèmes modernes – l'État et le gouvernement, l'économie de marché, l'industrie, la civilisation urbaine, la communication de masse, les transports de masse, l'armée, etc.

La Route de McCarthy est emblématique sur ce point. Les deux protagonistes survivants traversent le paysage post-apocalyptique en marchant sur d'anciennes routes nationales ; la route est là, mais l'État a disparu : « *Il n'y a plus d'États* ». Après la fin du monde tel que nous le connaissons, les protagonistes survivants des récits post-apocalyptiques contemporains construisent un autre avenir, et un autre monde – plutôt que de rétablir l'ancien.

Concrètement, cela signifie que ces récits adoptent le slogan *small is beautiful*. Ils imaginent de petits collectifs autosuffisants qui se débrouillent dans des environnements à faible technologie. L'esprit du local et de la création d'un monde post-apocalyptique à faible technicité est parfaitement exprimé dans un slogan qui sert de titre à un autre roman post-apocalyptique (non-traduit en français), *World Made by Hand* (2008) de James Howard Kunstler.

Mais « petit » ne signifie pas « individuel ». Les fictions post-apocalyptiques contemporaines évoquent un retour à des communautés de petite taille où les gens se rencontrent. En effet, les petits groupes localisés, auto-organisés, permettent de créer des liens interpersonnels réciproques qui sont la base de la construction du monde après la fin du monde. La vision de la fiction post-apocalyptique est sociale plutôt qu'individualiste.

Le roman *Blindness* de José Saramago présente une illustration particulièrement intéressante de ce communautarisme post-individualiste de la fiction post-apocalyptique. Ce livre décrit l'effondrement apocalyptique d'une ville (microcosme implicite du monde) à la suite d'une épidémie de cécité.

Les protagonistes devenus aveugles de Saramago apprennent qu'être aveugle signifie être post-individuel. Contrairement aux voyants, les aveugles ne peuvent pas survivre en tant qu'individus autonomes. Leur survie dépend de la coopération au sein de collectifs auto-organisés. Les aveugles découvrent que la vision perdue peut être remplacée par une action sociale collaborative : « *S'organiser, c'est, d'une certaine manière, commencer à avoir des yeux* ». Ce n'est pas en tant qu'individus isolés, mais en tant que collectif symbiotique que les aveugles sont capables de reconquérir leur humanité. Le message de Saramago porte sur la solidarité : la survie passe par la coopération plutôt que par la compétition.

Quel rapport entretient la fiction post-apocalyptique avec la réalité, les défis auxquels fait concrètement face l'humanité ?

Contrairement aux variétés habituelles de réalisme, comme le réalisme social, la fiction post-apocalyptique adopte une approche indirecte pour dépeindre la réalité, que l'on peut qualifier de réalisme spéculatif. Situés dans un avenir proche, ces récits spéculent sur les conséquences désastreuses des développements actuels qui ne se concrétiseront que plus tard. Ils peuvent être décrits comme des récits du risque : l'avenir apparaît sous la forme de divers scénarios de risque allant du meilleur au pire en fonction des mesures préventives prises - ou non - dans le présent. Octavia Butler invoque, comme cadre de référence pour sa série *Paraboles*, les trois catégories d'histoires de science-fiction de Robert Heinlein : la catégorie « et si », la catégorie « seulement si » et la catégorie « si ça continue ainsi ». Octavia Butler disait à ce sujet : « *J'ai aimé cette idée. Il s'agit bel et bien d'une histoire de type "si ça continue ainsi".* »

La caractérisation de Butler (« si cela continue ainsi ») souligne le défi qu'est d'écrire sur l'histoire contemporaine. Par définition inachevée, l'histoire contemporaine comporte une dimension virtuelle, porteuse des graines d'un avenir qui n'a pas encore été révélé. Le changement climatique met en évidence ce défi. Écrire sur le présent comporte donc un aspect futuriste qui est spéculatif. Ainsi, le réalisme de la fiction post-apocalyptique contemporaine est nécessairement différent du réalisme du roman historique du XIXe siècle, par exemple. Le réalisme spéculatif de la fiction post-apocalyptique formule une permutation fraîche et créative de la vraisemblance caractéristique du roman réaliste. En révélant notre propre réalité comme un « présent extrapolé » portant les graines virtuelles de développements encore à réaliser, la fiction post-apocalyptique a adapté le réalisme formel du roman aux exigences qu'implique la description du monde à l'ère de l'Anthropocène. La fidélité à la vérité, ou vérité vraisemblable, norme unique du réalisme romanesque, peut ainsi être appréciée dans une nouvelle forme futuriste.

La fiction post-apocalyptique reflète-t-elle nos peurs de la fin du monde, ou bien un désir de renouveau ?

C'est une autre question intéressante, qui touche à la différence entre les deux variétés de la pensée apocalyptique : les récits apocalyptiques proprement dits et les récits post-apocalyptiques. Alors que le récit apocalyptique consiste à se préparer à la fin du monde, le récit post-apocalyptique consiste à sortir des décombres et à reconstruire le monde à partir des ruines. Contrairement à l'apocalypse, qui raconte la fin prochaine du temps et du monde, les récits post-apocalyptiques contemporains – comme beaucoup l'ont souligné – sont des œuvres étrangement porteuses d'espoir. Ils traitent de ce qui se passe ensuite, lorsque l'histoire redémarre et que les survivants refont le monde au lendemain de la catastrophe. Les récits apocalyptiques sont des fictions de destruction du monde. Les récits post-apocalyptiques sont des récits de survivants, des récits de reconstruction du monde après la fin du monde. L'apocalypse insiste sur le fait qu'il n'y a pas de futur. La post-apocalypse, en revanche, spécule sur de nouveaux lendemains après la fin.

Comme l'explique la théologienne Catherine Keller, la pensée apocalyptique se définit par un « *scénario de temps binaire, un avant et un après* ». Les mondes apocalyptiques s'organisent autour de deux temps et mondes distincts, à cheval sur une rupture révolutionnaire. Le premier monde, de l'ici et maintenant, s'approche d'une fin catastrophique, destinée à laisser place à un autre monde qui est discontinu par rapport au premier. Le récit apocalyptique se situe à proximité de cette scission, quand le récit post-apocalyptique se déroule plus loin de la démarcation, dans le futur. Ces temporalités différentes qui régissent les deux variétés apocalyptiques contribuent également à expliquer leur humeur contraire : les récits post-apocalyptiques sont « *étrangement pleins d'espoir* », comme le souligne Caren Irr, parce qu'ils se tournent vers un nouvel avenir qui s'ouvre après l'horreur de la destruction.

En revanche, c'est la morosité qui détermine l'ambiance des récits apocalyptiques de type tragique. La fin du roman emblématique de Gabriel García Márquez, *Cent ans de solitude*, illustre ce point : la morosité s'installe tandis que les présages et les signes de l'imminence de la fin des temps se multiplient. Bien qu'elle emprunte le topos biblique de l'anéantissement surnaturel de l'histoire terrestre, l'apocalypse réaliste et magique de García Márquez est dépourvue de toute attente utopique ou millénaire.

Cela dit, dans l'ensemble, la pensée apocalyptique contemporaine suit le modèle de la tragédie plutôt que celui de la rédemption. Contrairement à l'apocalypse chrétienne, qui promet la rédemption, la pensée apocalyptique moderne et contemporaine de type laïque, à laquelle appartient l'apocalypse environnementale, est une littérature du désastre. Son principal objectif est de réveiller un public inconscient et de l'avertir de la catastrophe environnementale imminente qui attend l'humanité si aucune mesure décisive n'est prise.

The Last of Us Part II, extrait de jeu. Dans les oeuvres post-apocalyptiques, les personnages traversent des zones où une nature omniprésente côtoie quelques reliquats technologiques de notre monde actuel.

FRANCESCA CAGNACCI

L'ANTHROPAUSE

La pandémie liée au coronavirus SARS-Cov-2 a bouleversé notre rapport à la nature, tant et si bien qu'une notion écologique a été développée par des scientifiques : l'Anthropause, signifiant une « pause » des activités humaines (notamment de leurs déplacements) menant alors à une baisse connexe de l'impact de ces activités.

Notre impact sur la planète

En mars 2020, trois milliards d'êtres humains environ sont confinés pour freiner la propagation du coronavirus. Dès lors, en dehors des magasins alimentaires, la plupart des commerces ferment, comme les lieux publics, salles de spectacle, restaurants, établissements scolaires ; le télétravail est privilégié et certaines industries passent en service réduit. Ces confinements ont eu un impact considérable sur nos déplacements et notre présence. En avril 2020, des observatoires sismologiques relèvent un étonnant changement dans les relevés : le « bruit sismique » provoqué par l'humanité a chuté sous Terre. Lorsqu'un être humain ou une voiture se déplace, cela provoque des vibrations qui, transformées en ondes de surface, parcourent la croûte terrestre.

Individuellement, l'effet n'est pas significatif, mais l'orchestre humain composé de routes, de lieux publics, d'industries, est à l'origine d'une sorte de « brouhaha » de vibrations. À Bruxelles, durant le premier confinement, le bruit sismique a chuté de près d'un tiers.

Mais l'impact des confinements s'est ressenti aussi sur la biodiversité. Il n'était pas rare de voir être partagées, dans les médias, des images d'animaux se baladant en ville, en plein jour. Ces photographies donnent l'impression que la nature « reprenait ses droits ». La réalité était encore bien plus intéressante que cela.

Dans la baie de San Francisco, les passereaux ont fait évoluer leur chant. Publiant leurs travaux dans la revue *Science*, des chercheurs ont montré que ces oiseaux ont immédiatement répondu à la baisse soudaine de la pollution sonore. Avant le confinement, il existait une distinction majeure entre les passereaux urbains et les ruraux : en ville, ils chantaient trois fois plus fort que ceux vivant dans les campagnes. Durant le confinement, qui a fait revenir San Francisco à un niveau sonore jamais atteint depuis 1954, les passereaux urbains ont chanté moins fort, ce qui leur permettait aussi de produire des chants à la largeur de bande plus riche, c'est-à-dire d'investir davantage l'espace sonore. Les scientifiques à l'origine de ces observations relèvent combien cela démontre la résilience de certaines espèces, même après une « *exposition chronique de longue date* » à une pollution humaine.

Qu'est-ce que l'Anthropause ?

Francesca Cagnacci, biologiste et écologue italienne, fait partie du groupe Covid-19 Bio-Logging Initiative, ayant élaboré la notion d'Anthropause et se dédiant à observer les effets qui en découlent. « *La réduction de la mobilité humaine pendant la pandémie va révéler des aspects critiques de notre impact sur les animaux, en apportant des lignes directrices cruciales sur comment partager au mieux l'espace sur cette planète bien remplie* », annonçaient les scientifiques en introduction de leur papier de recherche.

D'autant que l'Anthropause ne révèle pas seulement une nature qui reprend ses droits. Si, pendant les confinements, des espèces ont pu s'épanouir davantage, d'autres en ont souffert. « *Divers animaux vivants en milieu urbain, comme les rats, les mouettes ou les singes, sont devenus tellement dépendants de la nourriture jetée ou fournie par les humains qu'ils peuvent avoir du mal à joindre les deux bouts* » lorsque les activités humaines ralentissent.

Comment vous êtes-vous rendu compte que quelque chose de nouveau, de différent, était en train de se produire ?

Pendant la première période de confinement strict que nous avons connue en Italie (comme vous vous en souvenez peut-être, nous étions le premier pays touché après la Chine), j'ai eu la permission d'aller sur le terrain pour poursuivre une expérience sur les chevreuils en liberté. En me promenant dans la forêt pendant le travail de terrain, j'ai pu percevoir les choses différemment même en tant qu'humaine : le silence et l'absence de perturbations dues aux bruits et aux activités anthropiques étaient stupéfiants, dans une forêt normalement assez animée et entourée de carrières.

J'ai pu repérer davantage d'animaux que d'habitude, et les premières analyses des photos prises par notre caméra, à l'époque, semblent révéler une utilisation plus diurne [de jour] de la zone, par des espèces que l'on ne voit normalement que la nuit (comme le cerf rouge), mais également des interactions plus animées pendant la journée (le chevreuil et le cerf rouge ensemble sur les sites d'alimentation). C'est ce contexte qui m'a fait penser que ce que nous vivions était une situation sans précédent pour comprendre à quel point les humains influencent la vie des animaux et leur comportement.

Qu'est-ce qui rend l'Anthropause si scientifiquement unique ?

L'Anthropause, c'est-à-dire la « *réduction globale de l'activité humaine moderne, en particulier des déplacements* », notion que nous avons définie dans la revue *Nature Ecology and Evolution*, présente deux aspects qui lui sont propres.

Le premier est d'ordre méthodologique : l'écologie animale est une science complexe, où de nombreux facteurs et variables contribuent aux réponses que l'on doit observer. Il est donc presque impossible de reproduire des conditions expérimentales qui permettent une application directe de la méthode scientifique. Malgré la grande qualité des outils de modélisation développés au cours des dernières décennies, il est très difficile d'obtenir une « validation sur le terrain » de nos analyses. L'Anthropause, qui a été soudainement observée à la suite des mesures de confinement visant à limiter la propagation de la pandémie, représente une condition expérimentale comme seuls certains autres événements rares l'ont fait, par exemple lorsque les humains ont abandonné une zone, comme après un tremblement de terre.

Quel est le comportement de la faune avant et après un événement qui change les conditions ? Cette situation correspond à ce que nous appelons un modèle BACI (Before After Control Impact), un cadre expérimental. Toutefois, parmi les situations susceptibles de correspondre à ce type de modèle, l'Anthropause liée au Covid-19 était (est) la seule à être mondiale, c'est-à-dire qu'elle touche tous les coins de notre monde globalisé, y compris certaines régions éloignées qui peuvent être moins exposées au bruit, à la pollution, etc.

Le second aspect propre à l'Anthropause est lié aux recherches actuelles, en écologie et en biologie de la conservation, concernant les divers impacts de l'être humain sur le comportement animal. Au cours des dernières décennies, il est devenu évident que les perturbations humaines vont au-delà de la modification et de la fragmentation du paysage, ou de l'effet de nos infrastructures. Bien que ces éléments représentent des contraintes majeures pour la distribution des espèces et la persistance des populations animales, et que cela limite leurs déplacements, la présence en tant que telle des humains et les activités connexes semblent également affecter le comportement même des animaux.

D'une part, les animaux peuvent réagir à des risques objectifs, tels que la circulation routière et la chasse, un type de perturbation entraînant un « effet destructeur » (*consumptive effect*), c'est-à-dire un effet qui affecte directement leur survie et donc leur condition physique. D'autre part, la présence et l'activité humaines peuvent représenter un indice de risque perçu, de sorte que les animaux sont dissuadés ou limités aux zones les plus sûres de leur aire de répartition, par exemple, ou à l'activité crépusculaire et nocturne. Ce type de perturbation entraîne un « effet comportemental » (*behavioural effect*), c'est-à-dire n'affectant pas directement la survie mais modifiant les réactions et les rythmes des animaux. L'Anthropause concerne principalement cet aspect comportemental, notamment parce qu'il s'agit d'un changement soudain du niveau de perturbation. C'est la raison pour laquelle les scientifiques se sont intéressés à ses effets, et que les médias ont également été enthousiasmés par un « rebond de la faune », bien que ce ne soit pas nécessairement ce à quoi nous nous attendions.

Dans votre étude, on constate que les changements ont notamment eu lieu dans les zones urbaines. Pourquoi une telle spécificité ?

L'accent mis sur les villes renvoie à ce que j'exprime précédemment : la diminution des indices de risque perçu peut avoir conduit certains animaux à utiliser, par exemple, l'espace extérieur de leurs aires habituelles de répartition, ou peut-être simplement à se diriger vers une fréquentation plus diurne [de jour, plutôt que de nuit] de la ville.

L'une des conséquences de la présence humaine et de la perturbation des activités est en effet la réponse différentielle que l'on peut observer entre les espèces : certaines peuvent être dissuadées, mais d'autres peuvent être attirées par l'être humain. Cette attirance peut s'expliquer soit en raison de la disponibilité de la nourriture, déchets, restes et rebuts de l'agriculture (c'est le cas par exemple pour les goélands, les sangliers), soit en raison de la protection contre les prédateurs, c'est-à-dire l'effet de bouclier humain.

Ce dernier point est particulièrement curieux : comme les prédateurs peuvent être particulièrement dissuadés par les signaux humains, les proies peuvent profiter des endroits où les humains sont établis et de leur environnement comme d'un « bouclier », du moins lorsque les humains ne sont pas présents, comme pendant la nuit.

Quels types de changements potentiels pourraient avoir lieu si l'Anthropause durait plus longtemps ?

Les animaux réagissent au contexte extérieur, à différentes échelles et à différents niveaux d'organisation. Les individus peuvent répondre aux facteurs de perturbation différemment les uns des autres, et bien sûr avec des comportements divers selon le type de perturbation. Par exemple, ils peuvent restreindre leur domaine vital pour exclure les routes, ou au contraire les inclure et les traverser souvent, en tolérant la perturbation par rapport à l'utilisation de l'habitat environnant. Une perturbation plus proche, telle que des personnes traversant la forêt, peut induire un comportement de « fuite » (c'est-à-dire une fuite silencieuse devant le bruit, ou le fait de tourner en rond pour éviter la source de la perturbation) ; ou au contraire provoquer une réponse de curiosité, les animaux attendant de voir ce qu'il se passe.

La diversité des réponses individuelles s'étend au niveau de la population, de sorte que des perturbations extrêmes (une route très fréquentée, par exemple) peuvent simplement restreindre la présence des animaux à certaines parties de l'habitat, tandis que d'autres perturbations peuvent être tolérées et permettre la présence des animaux, ou même induire une accoutumance des animaux aux perturbations (comme c'est le cas pour les espèces urbaines).

Ces réponses comportementales ont des conséquences sur la condition physique des animaux et, en fin de compte, sur la persistance des populations et des espèces. Dans l'exemple ci-dessus, les animaux qui traversent la route ont une probabilité plus élevée d'être tués par la circulation, mais les animaux qui « n'osent pas » traverser peuvent aussi être limités dans leur accès aux ressources, ce qui a des conséquences sur leur survie ou leur succès reproductif. Au niveau de la population, les individus vivant à proximité de l'être humain peuvent être particulièrement téméraires et ne pas être affectés par sa présence (ce qui crée des conflits), ou bien les populations peuvent se fragmenter, ce qui réduit le flux génétique.

Dans tous les processus complexes ci-dessus, la durée et l'intensité de la perturbation jouent évidemment un rôle clé. L'Anthropause est une brève suspension d'un type de perturbation anthropique proche : nous n'avons pas supprimé les routes, nous avons simplement cessé de les utiliser pendant une certaine période. Par conséquent, nous ne nous attendons pas à ce que les populations modifient leur répartition en raison d'un tel effet à court terme, mais plutôt à ce que certains individus se déplacent plus librement dans leur aire de répartition habituelle. À l'inverse, dans certaines régions, l'Anthropause a augmenté l'utilisation récréative des espaces verts, de sorte que des réponses plus intenses en termes de comportement de chasse et d'évitement des rencontres pourraient être attendues. Les conséquences sur la forme physique et la reproduction devraient être légères, en fonction de l'intervalle entre les générations des espèces, bien que l'on puisse s'attendre à certaines conséquences.

Si l'Anthropause avait duré longtemps, cependant, cela aurait ressemblé à un changement plus structuré. Les routes qui restent inutilisées pendant des mois ou des années peuvent ne plus apparaître comme des barrières, pour reprendre l'exemple ci-dessus, et les animaux peuvent se redistribuer dans l'espace. Les conséquences sur l'adaptation auraient pu être plus perceptibles.

Bien sûr, il s'agit du côté « positif » de l'histoire. Si l'Anthropause coïncide avec une augmentation des activités illégales, comme le braconnage, les conséquences pourraient être désastreuses, notamment pour les espèces menacées dans les zones protégées.

Que montre l'Anthropause quant à notre relation à la nature ?

Que cette relation devient très étroite. Ce résultat a déjà été démontré par une analyse préliminaire, en montrant soit des effets très variables entre les espèces, soit même des effets néfastes dus à un manque d'application des règlements de protection et de conservation (par exemple, les gardes-chasse ne peuvent pas patrouiller, etc.). C'est ce que j'appelle l'interface humains-faune : nous qualifions souvent les animaux soit comme nuisibles (*pests*), c'est-à-dire créant des problèmes, par exemple des accidents de la route ; soit comme amicaux et sans problèmes (*confidents*). En fait, nous pouvons considérer que ce genre de constats est, au contraire, plus souvent la conséquence des contraintes que l'être humain fait peser sur les mouvements des animaux, sur la disponibilité de leurs habitats, sur l'utilisation de l'espace. Dans un article récent de mon groupe de recherche, nous montrons que l'utilisation intense du paysage par l'être humain pose des contraintes sur l'habitat de l'ours brun. De telles perturbations, si elles sont portées à des stades extrêmes, induiront des effets en cascade dévastateurs : extinction ou disparition d'espèces ; simplification des communautés animales ; diminution de la résilience des écosystèmes ; probabilité accrue de propagation de maladies.

L'Anthropause a fourni (et fournit encore) un contexte clair pour étudier et comprendre la complexité de la relation entre l'être humain et la faune sauvage et comment les altérations anthropiques et sa présence « encombrante » peuvent avoir des conséquences durables et peut-être irréversibles sur la stabilité des écosystèmes et la santé humaine.

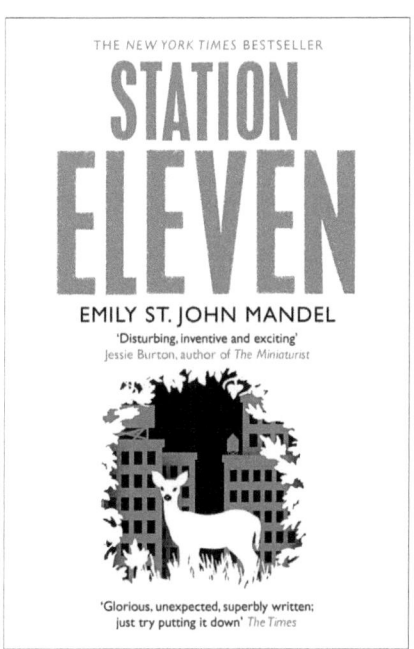

Sur l'une des toutes premières éditions de *Station Eleven*, le roman d'Emily St. John Mandel, la couverture représentait cette fresque post-apo du monde : la présence, en ville, d'une biche.

STEPHANIE MARGETH
VIVRE AVEC LA NATURE

Comment survivre dans un monde qui se serait complètement effondré ? Ce ne serait probablement pas grâce à un grille-pain ou à un smartphone : il faudrait, pour ce faire, composer avec la nature. C'est un postulat adopté par la plupart des survivalistes. Envisageant l'imminence d'une catastrophe, ils apprennent des techniques de survie en milieu naturel. Parmi ces techniques, il y a le bushcraft. Cet « art de vivre dans les bois » implique un certain nombre de compétences pratiques et de connaissances : S'abriter, trouver de la nourriture, chercher de l'eau, faire du feu, fabriquer ses propres outils et savoir les manier avec efficacité. La pratique du bushcraft est également associée à une certaine philosophie d'un retour à la nature. Stéphanie Margeth pratique ainsi le bushcraft sans se définir comme une « survivaliste ». Pour elle, il s'agit surtout d'un autre rapport à la nature.

L'ENTRETIEN

Quand votre intérêt pour le bushcraft a-t-il commencé ?

Depuis mon enfance, mon intérêt pour le bushcraft et les activités de plein air est ancré dans ma personnalité. J'ai grandi dans une famille de chasseurs/pêcheurs en Bavière. Mon passe-temps et la façon dont j'ai évolué en tant que personne ont été influencés par ces activités. Plus tard, j'ai servi dans l'infanterie allemande et mes compétences en matière de survie et d'activités extérieures se sont améliorées. Pour moi, le bushcraft est un art qui permet davantage de s'épanouir dans la nature plutôt que de survivre.

Vous avez partagé votre expérience dans un livre, *A Girl in the Wild*. Pourquoi est-ce important de parler du bushcraft ?

Pour être à l'extérieur, en particulier dans la nature sauvage, et avoir une base de connaissances à son sujet, savoir comment s'y orienter. Cela procure une forme de pouvoir... contrairement à la plupart des environnements auxquels nous sommes exposés, surtout en tant que femmes. D'une certaine manière, cela simplifie la vie, lui donne de la profondeur, et lui ajoute tellement plus de qualité.

Pourquoi ressentez-vous tant de plaisir à être dans la nature ?

Tout au long de ma vie, mon désir le plus profond est de rester sauvage, libre, et à l'état pur, autant que possible. La nature sauvage ne me demande rien. Elle ne veut pas me mettre dans une boîte, elle ne veut pas que je sois apprivoisée ou plus petite que je ne suis.

C'est la vraie vie là-dehors, sans confusion ni attente de la part des autres humains. Et à l'extérieur, la façon dont vous trouvez votre chemin relève aussi de votre responsabilité. Donc il y a, d'une certaine façon, une forme de liberté qui requiert aussi une forte discipline. Je pense qu'il est essentiel pour les gens de faire cette expérience, de construire et de renforcer une profonde confiance en eux, et de ressentir à nouveau à quel point il est magique d'être vivant et de respirer.

Faut-il renouveler plus largement nos liens avec la nature ?

Si nous n'apprenons pas à vivre en harmonie avec la nature, c'est l'extinction de notre propre espèce qui va se produire. Au long terme, c'est nous qui ne nous en sortirons pas. La nature a toujours vécu et vivra toujours plus longtemps que nous.

Que pensez-vous de l'effondrement ? Le bushcraft est-il lié à cette notion ?

Je pense que l'effondrement est en cours et qu'il atteindra son paroxysme très bientôt, lorsque nous aurons atteint le point où nous ne pourrons plus inverser nos actions. Au lieu de simplement apprendre des techniques de survie, nous devons évoluer dans notre conscience pour réaliser ce que nous faisons à cette planète et à nous-mêmes. Mais bien sûr, savoir comment purifier l'eau et trouver de la nourriture en pleine nature, cela peut vous sécuriser dans l'optique de ce scénario.

Un tel scénario pourrait-il mener à favoriser la loi du plus fort ?

Je pense que nous devons accepter le fait que les gens puissent être violents dans certaines situations. Surtout lorsque nous sommes exposés à un scénario de vie ou de mort, il y a beaucoup d'instincts animaliers et de territoires. Sachant cela, nous pouvons évoluer. Je pense que dans l'évolution humaine, nous avons dépassé la théorie de la survie du plus apte. Pas tous, mais je pense que la majorité des gens savent et comprennent que la survie ne peut vraiment se faire de manière intelligente que s'il n'y a pas de division, car celle-ci affaiblit la chaîne.

GAUTHIER CHAPELLE
L'ENTRAIDE, AUTRE LOI DE LA JUNGLE

Pour Gauthier Chapelle, il ne faut pas seulement changer notre rapport à la nature : il faut s'inspirer de la nature pour repenser nos modes de vie. Cet ingénieur agronome fait partie du mouvement de la collapsologie, un courant de pensée qui postule la possibilité d'un effondrement et l'étudie, tout à la fois comme un futur possible et comme un processus en cours. Il a coécrit, avec Pablo Servigne et Raphaël Stevens, *Une autre fin du monde est possible* (2008). Dans cet ouvrage, les auteurs écrivent qu'une perspective d'effondrement « *laisse entrevoir non pas un avenir rose bonbon d'entraide et d'altruisme mais un avenir où les groupes humains qui ne s'entraident pas auront moins de chance de s'en tirer* ». Cette approche est également développée par Gauthier Chapelle et Pablo Servigne dans *L'entraide : l'autre loi de la jungle* (2017).

Pour ces collapsologues, se préparer à un effondrement consisterait tout particulièrement à revoir la culture de la compétition, pour miser sur la coopération. Ce changement radical de paradigme, selon Gauthier Chapelle, revient tout bonnement à s'associer davantage au fonctionnement naturel des écosystèmes. Il nous précise que, pour être résilient face à un éventuel effondrement, il est question d'une « *restauration des écosystèmes* », mais aussi d'une « *restauration d'une civilisation de l'entraide qui a existé, dans le passé, à de nombreuses reprises de l'histoire humaine* ». Nous avons discuté avec lui de la façon dont le courant collapsologique envisage cette « *réconciliation avec le vivant* ».

Dans vos livres, vous affirmez volontiers que l'être humain a manqué l'opportunité de sortir en douceur de son mode de croissance. Est-ce qu'il ne reste plus que la perspective d'une rupture brutale ?

Oui, parce qu'on a été trop loin, qu'on a trop attendu et surtout qu'on fait partie d'un système, le système Terre, qui a des temps longs, des inerties énormes. Par ailleurs, la grande question du climat est probablement la plus importante.

Je dis souvent que le climat est un paquebot, et un paquebot ne change pas de direction en cinq minutes. Nous avons été prévenus largement à temps, mais nous avons toujours le pied sur l'accélérateur. Nos émissions de gaz à effet de serre équivalent au moins, si ce n'est plus, à celles des années précédentes. Donc malheureusement, oui, il va être un peu tard pour éviter au moins la rupture climatique, quel que soit le moment auquel elle survient.

L'effondrement pourrait-il être seulement partiel, sur quelques aspects spécifiques comme le secteur de l'énergie exclusivement, ou est-ce forcément global ?

Je pense qu'il serait global. Et je voudrais distinguer deux effondrements distincts, mais qui s'imbriquent.

Il y a l'effondrement du système Terre, avec notamment l'effondrement climatique, qu'il ne faut peut-être pas désigner comme un effondrement, mais comme la bascule d'un système à l'autre. C'est une bascule que le climat a déjà connue naturellement dans le passé, mais qui est ici particulièrement rapide. Cette rapidité représente la caractéristique essentielle des changements climatiques que nous imposons avec les émissions de gaz à effet de serre. Nous allons basculer brutalement d'un état que la Terre a déjà connu, vers un état que la Terre a déjà connu aussi, mais pas les humains. Cela s'accompagne de la sixième extinction.

126

Ensuite, il y a un deuxième effondrement, qui nous touche encore davantage : l'effondrement de la civilisation thermo-industrielle, donc pratiquement tout le système humain, économique. Ce n'est pas une extinction de l'espèce humaine... ou en tout cas pas nécessairement. Cela me paraîtrait même assez improbable. Par contre, le système économique et social est complètement imbriqué, et là, je ne vois pas comment faire tomber un domino sans que les autres ne tombent aussi. Actuellement, notre mode de vie humain et économique s'accompagne d'une croissance sans limites et se situe complètement en dehors des bonnes règles du vivant, c'est-à-dire celles dans lequel le vivant s'inscrit depuis 4 milliards d'années. Cela ne peut pas tenir indéfiniment, et une fois que cela va lâcher, tout ce système-là va s'écrouler pour se transformer en autre chose.

À quoi pourrait ressembler cet après ?

Cela reste une question ouverte puisqu'elle dépend de beaucoup de choses, notamment de ce qu'il va se passer au niveau humain. Est-qu'on va passer par des baisses de population brutales dues à des maladies, des guerres, des famines ? Une chose est sûre : nous aurons beaucoup moins d'énergie à disposition. Mais nous pourrons peut-être découvrir que l'on n'en a pas besoin à ce point... et qu'en réinventant des modes de vie davantage basés sur le relationnel, la convivialité et l'entraide, il serait possible de retrouver un énorme plaisir à vivre ensemble. Du moins, si nous parvenons à faire du vivre ensemble plutôt que de rester dans la culture dominante actuelle de l'individualisme et du chacun pour soi.

Cela implique d'office un mode de vie bien plus proche du reste du vivant. Je préfère parler du vivant que de la nature, car cela permet de faire référence aux autres espèces, avec lesquelles nous sommes interdépendants comme toutes les autres espèces. On va redécouvrir de façon beaucoup plus forte cette interdépendance (c'est déjà le cas à bien des niveaux), une fois que l'on aura retiré notre prothèse thermo-industrielle et que l'on ne pourra plus s'appuyer sur le pétrole, le gaz, le nucléaire pour extraire ce dont nous avons besoin... ou ce dont nous croyons avoir besoin, car beaucoup de ces besoins sont plus superflus qu'autre chose. Cet après pourrait être quelque chose de très joyeux, et c'est à nous de le choisir et de le préparer pour avoir un maximum de chance d'y arriver.

Êtes-vous familier avec la littérature post-apocalyptique ? Des œuvres vous ont-elles marqué, par exemple en montrant un monde post-effondrement qui vous paraît crédible ?

Je dirais que, ce qui m'intéresse, ce ne sont pas tant les récits crédibles que les récits désirables. Analyser en termes de crédibilité est un exercice très difficile et en soi je pense que c'est une bonne chose si cela part dans tous les sens. Que cela soit crédible ou non, nous le verrons bien en marchant. Il ne s'agit pas de copier un de ces récits, mais de se laisser toucher par les parties qui nous parlent.

Le roman *Dans la forêt*, de Jean Hegland, raconte l'avenir d'une toute petite partie de la population. Cela se passe aux États-Unis. Le retour au vivant est central dans le livre. C'est l'histoire de deux sœurs. Lorsqu'elles ont épuisé tout ce qui leur reste de civilisation thermo-industrielle, elles réalisent que pour survivre et être heureuses, il leur faut se tourner vers le vivant qui les entoure : la forêt. Dans leur cas, c'est ce qui leur permet de démarrer autre chose. L'histoire se termine très tôt. Nous ne savons pas si elles vont croiser à nouveau d'autres humains, ni refaire société. Cela reste tout à fait ouvert et inconnu. C'est un roman qui m'a beaucoup touché.

Dans la forêt **est aussi considéré comme un pilier de l'écoféminisme, qui fait la conjonction entre féminisme et écologie. Est-ce une façon de penser qui vous touche particulièrement ?**

Oui, ce roman montre que beaucoup de ce qui a été abîmé et de ce qui nous a conduits dans la situation actuelle vient d'abord de la domination masculine. Une domination à la fois sur les femmes et sur la nature (et là je fais exprès d'employer le mot « nature », un mot qui sépare). Or ces dominations sont toutes deux assez récentes dans l'histoire de l'humanité. L'une des intuitions magnifiques de l'écoféminisme est d'avoir compris que ces deux dominations étaient parallèles et que l'on ne pouvait pas sortir de l'une sans sortir de l'autre. Autrement dit, nous ne pouvons pas inventer une civilisation qui soit en paix avec le vivant si nous n'inventons pas en même temps une civilisation où les principes féminins et masculins sont en paix.

Refaire société pourrait se confronter au réflexe survivaliste, au repli sur soi, à une attitude individualiste. Est-ce une réaction naturelle et irrépressible, ou bien est-il possible d'imaginer autre chose ?

Je crois que le réflexe survivaliste est assez naturel. Et il est presque sain, au sens où cela revient d'abord à s'interroger sur comment protéger ses proches. Si l'on se contente de cette première réaction, on ne va pas survivre très longtemps. L'entraide, au contraire, est une idée forte qui séduit et mobilise les personnes qui étudient la collapsologie, et les collapsonautes (les personnes qui vivent avec l'idée de l'effondrement).

C'est souvent ce que nous répondons avec Raphaël Stevens et Pablo Servigne lorsque l'on nous demande quelle est la chose la plus urgente à faire : reconstruire des réseaux de solidarité avec ses voisins les plus proches, pour réapprendre non seulement comment fonctionne l'entraide, mais également le plaisir que génère cette confiance. Cela permet ensuite d'imaginer tous les possibles. Je pense que, lorsque l'on parle de renaissance d'un monde après son écroulement, si l'on ne pense pas collectif, il est certain que l'on va droit dans le mur et que cela va être beaucoup plus difficile.

Avec Pablo Servigne, vous évoquez la collaboration entre individus et entre espèces (collaboration arbre et champignons...). Est-ce que l'entraide a sa place dans les mécanismes du vivant au même titre que la loi du plus fort ?

Je dirais même qu'elle y a encore plus sa place. La loi du plus fort est une loi qui crée surtout des victimes collatérales. Et quand il y a des victimes collatérales dans le vivant, il y a d'autres systèmes qui se mettent en place. Vous évoquez les arbres et les champignons, pour moi, il s'agit non seulement d'un excellent modèle, mais cela nous raconte deux choses. D'abord, une forêt n'est pas un ensemble d'arbres et de champignons qui passent leur temps à se taper dessus pour que les plus forts émergent. Au contraire, elle est un vaste système de solidarité avec des flux de sucres entre arbres, via des champignons, et donc entre arbres et champignons et tout ce qui en dépend (bactéries, vers de terre, herbivores etc.).

Il s'agit d'un véritable écosystème dans lequel la réciprocité joue pour la survie de l'ensemble, même s'il y a bien sûr aussi des individus qui disparaissent. S'il n'existe aucune forêt qui fonctionne en hiérarchie pyramidale, cela signifie qu'à chaque fois que ce mode d'organisation a émergé ailleurs que chez les humains, l'évolution ne l'a pas retenue car cela ne fonctionnait pas. Je suis convaincu que, concernant ce qu'il nous arrive maintenant, lorsque l'on va rentrer dans des temps de crise, la hiérarchie pyramidale va s'avérer lente. Autant elle est efficace en situation stable, autant elle est très inefficace en situation instable. Et quand les situations instables deviennent systémiques et spectaculaires, alors là elle devient carrément mauvaise. Je pense que les systèmes hiérarchiques pyramidaux seront appelés à s'éteindre et celles qui vont tenir le coup seront toutes les réorganisations par le bas. C'est ce qu'on a pu d'ailleurs observer dans d'autres situations historiques.

Quand un empire s'effondre, sans être écrasé par un voisin mais parce qu'il a surexploité son écosystème, ce qui apparaît dans un premier temps n'est pas un nouvel empire. Cela peut revenir éventuellement plus tard, mais ce sont d'abord de petits systèmes locaux qui ont tenu bon et qui se réorganisent exactement comme le font les champignons et les jeunes plantules d'arbres après un incendie.

Est-ce que cela rejoint l'idée des « îlots de résilience » dont vous parlez dans vos ouvrages ?

Oui, les îlots de résilience sont toutes les expériences en cours, que ce soit dans les ZAD, les éco-hameaux, les petites communautés, qui montrent que l'on peut arriver à un certain degré d'autonomie, sans pour autant être en autarcie. Ce sont autant de pratiques qui nous préparent éventuellement à des moments de coupures massives (des systèmes énergétiques, électriques...), et qui permettraient d'être un peu moins démunis au moment où nous tomberions dans une telle situation. Denis Meadows, un des co-rédacteurs du rapport *Les Limites de la croissance*, en 1972, considérait déjà que l'on a un peu trop attendu pour le développement durable et qu'il nous reste à préparer les îlots de résilience. C'est aussi l'idée derrière la permaculture, qui est d'ailleurs l'un des outils clés.

Donc les îlots de résilience sont antérieurs à l'effondrement ?

Oui parce que certains anticipent. Est-ce que pour autant ces îlots seront résilients au moment où cela va se durcir ? Nous verrons bien, mais ils travaillent en ce sens. Bien qu'il n'ait pas fallu la collapsologie pour que ces îlots existent, cela n'a fait que renforcer certains d'entre eux. Et on s'en félicite, car cela montre que la collapsologie ne fait pas uniquement peur, cela peut aussi mettre en mouvement.

Est-ce qu'en fondant les sociétés futures sur le biomimétisme et le *low tech*, on ne va pas tout simplement revenir en arrière, au risque de répéter le schéma de la recherche du progrès et de la croissance quelques générations ou quelques centaines d'années plus tard ?

Il y a deux choses importantes dans votre question. Première chose : est-ce qu'on va revenir en arrière ? Je crois que l'histoire ne revient jamais en arrière. Le *low tech* que l'on fera ne sera pas celui que l'on faisait il y a 200 ans, parce que la pratique du *high tech* nous aura appris à faire du *low tech* autrement. Le futur technologique va s'appuyer sur tout ce qu'on a appris.

Deuxième chose : est-ce qu'on va vouloir revenir à un modèle de progrès qui nous reconduise à la croissance ? Il faut justement changer d'histoire dans notre tête. Il est temps de se dire que ce n'est pas un retour en arrière, c'est la suite de l'histoire. Celle-ci peut aussi être vue comme un progrès. Je ne m'accroche pas particulièrement au mot progrès – un mot très exigeant et qui a aussi des implications négatives. Quoi qu'il en soit, on n'est pas du tout obligé de revenir à la croissance. En tout cas, il nous faut sortir de la croissance dans l'utilisation des ressources, renouvelables et non-renouvelables. Mais la croissance du bonheur, du relationnel, de l'épanouissement, de la conscience d'appartenir à un tout interdépendant, ce serait selon moi une marche en avant. Si l'on va vers des futurs où la relation avec les autres êtres vivants est vraiment prise au sérieux, cela peut aussi être un progrès.

On a souvent l'image d'une collapsologie pessimiste et lourde dans ses constats. Avez-vous de l'espoir pour le futur ?

En collapsologie, on aime bien ne pas opposer pessimisme et optimisme. D'ailleurs, vous avez nommé le mot espoir qui est un mot permettant d'être entre les deux. À titre personnel, je reste pessimiste quant à la période dans laquelle nous entrons et dans laquelle certains sont déjà entrés depuis un certain temps et qui est très dure. Je pense aux réfugiés qui traversent à 20 ans la mer Méditerranée et qui en sortent plus ou moins indemnes... quand ils en sortent.

Voilà pour le versant pessimiste. Cela n'empêche pas de travailler à l'émergence de quelque chose qui soit davantage dans la joie... y compris dans des circonstances difficiles. Ce qui nous ramène au mot « espoir », ainsi qu'à une expression, qui vient notamment de Joanna Macy : « l'espoir actif ». C'est l'idée que l'on se met en mouvement en croyant que quelque chose de positif est possible, mais sans y mettre une condition de résultat et sans conditionner sa propre joie à un résultat positif – s'engager simplement parce qu'on pense que c'est la juste chose à faire. Ce « juste » n'étant pas absolu, mais subjectif, pour chacun, tout en gardant une dimension collective.

L'odéon d'Hérode Atticus a été construit en l'an 161 au pied de l'Acropole d'Athènes. Des milliers d'années plus tard, il cohabite aujourd'hui avec la ville moderne et des représentations y ont encore lieu. (Image Berthold Werner / Wikimédia)

PARTIE 5
LA CONTINUITÉ DES MONDES

La « fin du monde » a déjà eu lieu, et à plusieurs reprises, dans l'histoire de l'humanité. Que nous en soyons la cause par nos activités, ou qu'il s'agisse d'une catastrophe naturelle, nos sociétés ont déjà eu affaire au risque de leur fin ; à un véritable effondrement localisé ; et à des situations postérieures qui sont descriptibles, de fait, comme post-apocalyptiques.

L'histoire des civilisations est en elle-même une succession de mondes. Des formes politiques, sociales, économiques, culturelles structurent un endroit du globe pendant une certaine période avant de laisser place à d'autres mondes aux structures différentes. L'Antiquité pourrait être perçue à bien des égards comme un tout autre monde par rapport à l'époque contemporaine. Pourtant, il en subsiste des ruines, tout comme les ruines du XXIe siècle subsistent dans les récits post-apocalyptiques.

Reconstructions successives

Le cas historique de la ville d'Antioche (Antakya dans l'actuelle Turquie) représente une forme de condensation, en un seul lieu, de microapocalypses successives. La cité a fait l'objet pendant plusieurs siècles de ce que l'historienne Catherine Saliou nous a décrit comme une « *routine de la catastrophe* ». Détruite tantôt par une catastrophe naturelle, tantôt par des raids perses, les autorités impériales ont mis en place un schéma type de reconstruction, afin d'adapter la ville après chaque désastre, dans une forme de résilience organisée.

Catherine Saliou a mené un inventaire méthodique des édifices mentionnés dans les textes de l'époque. Elle a constaté que bon nombre de ces édifices sont autant évoqués dans des sources du VIe siècle que dans des sources antérieures, alors même que la ville a été plusieurs fois détruite tout au long de cette période. « *Il peut s'agir bien sûr d'édifices reconstruits, éventuellement sous une forme différente, mais qui conservent leurs noms.* » Par ailleurs, quand l'on observe le tracé de la rue principale, il s'avère qu'il n'a « *pratiquement pas changé jusqu'à nos jours* », et on trouve encore « *des traces du parcellaire antique dans la ville moderne* ». Résultat, entre les vieux édifices, les nouveaux et ceux partiellement restaurés, Antioche est une ville « *où l'ancien et le nouveau coexistent de différentes façons* », relève l'historienne. « *C'est toute l'ambiguïté de la notion de reconstruction : reconstruire, cela peut être "reconstruire à l'identique", ou "construire à nouveau" (conserver la fonction et l'implantation, mais modifier la forme de l'édifice), ou simplement "réparer" et remettre en état.* » En outre, précise Catherine Saliou, une reconstruction complète d'une ville, comme si elle était réellement nouvelle, impliquerait que celle-ci soit « *intégralement rasée, ce qui n'est heureusement jamais le cas (même à Hiroshima un bâtiment au moins a subsisté), donc il subsiste toujours des édifices, voire des quartiers entiers* ».

Ces catastrophes ont par ailleurs constitué des opportunités pour la ville. En 540, la destruction causée par les Perses était « *la conséquence directe de la faiblesse de ses défenses* », nous explique Catherine Saliou. Le tracé du rempart était défectueux et, dans certains endroits, il n'y en avait tout simplement pas. Donc, après cette destruction, il n'était pas question de la reconstruire à l'identique, mais au contraire d'en modifier le tracé pour le rendre plus efficace : « *les contours de la ville ont donc été modifiés, c'est pourquoi on peut parler de transformation* ».

On peut voir, en Antioche, une continuité : le passé subsiste, sans faire obstacle à fonder du neuf. Les effondrements catastrophiques de la cité ne sont pas des fins de l'histoire de la ville.

Faut-il dépasser l'effondrement ?

La notion d'effondrement a-t-elle une pertinence historique pour des sociétés entières et des régimes politiques ? Comme nous en parlions dans l'introduction du numéro, un certain nombre d'ouvrages historiques et archéologiques ont utilisé la notion d'effondrement pour expliquer la disparition de certaines sociétés. Le livre du géographe Jared Diamond, publié en 2005, et intitulé *Effondrement*, est un véritable best-seller. L'auteur y propose une étude comparée entre les sociétés disparues et celles qui ont évité l'effondrement. Selon lui, cinq variables se conjuguent pour que la bascule tombe d'un côté ou de l'autre : une dégradation environnementale ; un changement climatique ; des voisins hostiles ; la dépendance à des partenaires commerciaux ; les réponses qu'apporte la société à ces problèmes.

Toutefois, dans l'étude historique des sociétés, l'usage du mot « effondrement » reste en débat. Tout le monde n'approuve pas ce cadre pour étudier leur évolution, y compris leur chute. Nous avons posé la question à Patricia McAnany. Cette archéologue spécialiste des Mayas a dirigé, en 2009, l'ouvrage *Questionner l'effondrement*, qui est une réponse au livre de Jared Diamond. Pour elle, réfléchir à l'Histoire à travers ce cadre n'est pas entièrement réaliste, car « *les sociétés humaines ne sont pas comme des châteaux de sable construits sur une plage, qui s'effondrent et sont emportés par la marée* ». Les sociétés « *se reforment et se regroupent sous différentes formes qui, parfois, apportent un remède à la cause de leur fragilité et, d'autres fois, l'aggravent* ». Patricia McAnany ajoute que l'effondrement peut même être instrumentalisé politiquement : « *Dans les Amériques, le récit de l'effondrement a été extrêmement commode pour les colons, qui l'ont utilisé comme un outil pour effacer les réalisations et la persistance des sociétés antérieures au XVIe siècle* ». Par ailleurs, pour cette archéologue, lire l'histoire des civilisations à travers la logique des effondrements revient à ne pas voir la capacité de résilience humaine de nos sociétés.

Qu'en est-il de notre époque ? Des mouvements comme la collapsologie invoquent des risques environnementaux et sociaux qui pourraient mener à un effondrement, signant la fin du monde tel que nous l'avons connu depuis les débuts de l'ère industrielle. Reste à savoir de quel type d'effondrement parle-t-on en prédisant cela, car la notion est particulièrement élastique et soumise à différentes interprétations. D'ailleurs, pour beaucoup de collapsologues, il n'est pas vraiment question de prédiction, mais d'actualité.

« L'effondrement est déjà en cours »

Essayez de visualiser, dans votre esprit, un effondrement. Il est très probable que vous perceviez alors quelque chose qui soit chaotique, apocalyptique. Du jour au lendemain, l'électricité ne fonctionne plus (*Ravage*, Barjavel, 1943), des incendies ravagent tout sur leur passage (*La Route*, Cormac McCarthy, 2006), une pandémie se propage rapidement et éradique une majeure partie de la population mondiale (*Station Eleven*, Emily St. John Mandel, 2013). Que l'effondrement soit causé par une guerre nucléaire, des catastrophes naturelles ou encore une pandémie, la fulgurance du choc est souvent mise en avant dans les récits et scénarios post-apocalyptiques. Ces descriptions trouvent source dans certains exemples historiques qui ont marqué les esprits : la catastrophe de Tchernobyl a eu lieu en quelques heures.

« *Dans l'imaginaire collectif, l'effondrement s'apparente davantage à une rupture brutale du système, sur une temporalité courte dans laquelle l'humanité devrait faire face aux pénuries alimentaires, aux pénuries énergétiques, intrinsèquement liées aux situations de chaos et/ou de guerres civiles, entraînant des mouvements de populations sans état régalien au contrôle, sans services publics, se trouvant totalement dépassés ou inopérants. Un scénario à la Mad Max* », soulève l'avocate Marie Bécue, spécialiste des droits humains et de la protection des populations en situation de crise. Cet imaginaire est-il indépassable ? « *Une autre lecture de l'effondrement, qui prend source dans la réalité actuelle, est à mettre en avant* », répond Marie Bécue. « *Celle qui considère que l'effondrement est déjà en cours, que la période que nous vivons est une période de transition vers la rupture totale si rien n'est fait pour changer de trajectoire* ». Elle ancre ainsi l'effondrement dans une temporalité plus longue, se traduisant par les crises que traverse l'humanité aujourd'hui : la sixième extinction de masse des espèces causée par les activités humaines ; le dérèglement climatique ; la crise sanitaire Covid-19 ; les désastres humanitaires poussant des populations à migrer.

Ces sujets s'inscrivent dans un continuum étonnement transversal : ils touchent tout autant au présent qu'à un futur à anticiper. À quel point les mondes d'avant et les mondes d'après se chevauchent-ils ? Un « effondrement » pourrait-il être un phénomène en cours ou à venir dont il faudrait anticiper les conséquences ?

PABLO SERVIGNE

« L'EFFONDREMENT N'EST QUE LA MOITIÉ DU RÉCIT »

De quoi parle vraiment la collapsologie ? « *Il ne s'agit pas de la fin du monde, ni de l'apocalypse. Il ne s'agit pas non plus d'une simple crise dont on sort indemne, ni d'une catastrophe ponctuelle que l'on oublie après quelques mois, comme un tsunami ou une attaque terroriste. Un effondrement est [...] un processus à grande échelle irréversible, comme la fin du monde, certes, sauf que ce n'est pas la fin ! La suite s'annonce longue, et il faudra la vivre, avec une certitude : nous n'avons pas les moyens de savoir de quoi elle sera faite.* »

Ainsi s'ouvre *Comment tout peut s'effondrer. Petit manuel de collapsologie à l'usage des générations présentes*, écrit par les chercheurs Raphaël Stevens et Pablo Servigne. C'est dans ce livre, publié en 2015, qu'est apparue pour la première fois la notion de « collapsologie ». Issue du latin collapsus, « tombé d'un bloc », ce néologisme dépeint un exercice de pensée transdisciplinaire dédié à l'étude de l'effondrement de notre civilisation industrielle et de ce qui pourrait lui succéder. La collapsologie S'appuie ainsi sur des travaux scientifiques issus de différents domaines tels que l'écologie, l'économie, l'agronomie, la sociologie, la démographie, la psychologie. *Comment tout peut s'effondrer* dresse ainsi des constats accablants sur la situation écologique et climatique au moment de sa publication, et c'est notamment au travers de ce best-seller que la notion d'effondrement se médiatise. Agronome de formation et écologue, Pablo Servigne anime de nombreuses conférences et devient peu à peu une référence sur le sujet de la transition écologique.

Trois ans plus tard, Raphaël Stevens et Pablo Servigne poursuivent avec *Une autre fin du monde est possible. Vivre l'effondrement (et pas seulement y survivre)*. Co-écrit également avec Gauthier Chapelle, ce livre est porteur d'un espoir : celui de penser la fin comme un changement de cap. Il s'agit alors d'imaginer un effondrement et un monde d'après qui soient désirables.

Cette fameuse formule du « monde d'après », par ailleurs largement relayée dans les médias au moment de la crise sanitaire liée à la pandémie Covid-19, porte en elle l'idée que l'on est face à un moment de rupture, un passage entre deux mondes. Pour autant, comme nous l'avons mentionné précédemment, il semblerait que cette analyse très binaire ne permette pas d'envisager toute la complexité de l'évolution des sociétés humaines. S'il existe des moments de rupture, ces derniers sont imbriqués dans un processus plus large et s'inscrivent dans un temps long.

Pour Pablo Servigne, le monde d'après semble déjà ancré dans le monde d'avant : les effondrements et les renaissances ne se suivent pas mais s'entremêlent. C'est aussi ce qui l'a poussé à cocréer le magazine *Yggdrasil*, dont le nom vient d'un arbre-monde de la mythologie nordique destiné à survivre au grand cataclysme. Sous-titré *Effondrement et Renouveau*, ce magazine entend présenter comment les réflexions autour de l'effondrement pourraient permettre de créer, lutter, renouer des liens et imaginer d'autres futurs possibles.

L'ENTRETIEN

Dans vos travaux, vous partez du principe que l'effondrement est un phénomène qui peut s'étirer sur un temps long et qui aurait déjà commencé. Qu'entendez-vous par effondrement ?

Il y a plusieurs définitions. Si l'on prend celle des archéologues par exemple, c'est juste une dépopulation rapide sur un territoire donné. C'est une définition très large, vue de loin, dans le temps et dans l'espace. Chez les historiens, ça peut être plus précis, mais très long. L'Empire romain s'est effondré en plusieurs décennies. Pour nous différencier des archéologues et des historiens, nous [les collapsologues] avons voulu montrer qu'il s'agit bien d'une question présente, sensible, complexe, qu'il y a des effondrements de toutes sortes aujourd'hui, qui sont en train d'avoir lieu et qui vont probablement avoir lieu, et qu'il existe un risque systémique global d'effondrement incontrôlé à grande échelle. Nous avons donc utilisé la définition d'Yves Cochet, même si elle est partielle. Selon sa définition, il y a effondrement lorsque les services fournis à la population ne sont plus assurés dans un cadre garanti par des lois. Lorsqu'il y a donc une rupture irréversible de l'ordre social.

Ponctuellement, il y a des catastrophes locales. Une région peut s'effondrer, du fait d'un tsunami, d'un tremblement de terre, d'un incendie... et il y a également des vies qui s'effondrent. Au niveau systémique en revanche, le processus est graduel et lent, cela prend plusieurs années ou plusieurs décennies.

La question de l'effondrement de notre société, de la biosphère et des écosystèmes recoupe plein d'effondrements différents, avec des temporalités différentes. Elle nous impacte directement (y compris notre estomac, notre manière de vivre, etc.). C'est ce que nous voulions montrer au travers de cet exercice de la collapsologie, en opérant une synthèse scientifique de tout ce que l'on sait sur les questions d'effondrement.

Il est possible qu'un grand effondrement ait peut-être déjà commencé. Je dis « il » au singulier au sens de l'effondrement global de notre civilisation, ou l'effondrement de la biosphère comme les scientifiques l'annoncent aussi. Peut-être que cela fait 200 ans que cela a commencé et que les historiens du futur diront que le début était en 1800, ou en 1900, ou bien à la date de création du GIEC en 1988... Ils feront des thèses là-dessus et je suis sûr qu'ils se disputeront ! Il est possible aussi qu'un effondrement global, systémique, n'ait pas encore commencé et qu'il n'arrivera jamais, mais j'en doute. Alors nous faisons le pari que nous y sommes.

Est-ce que ça peut prendre la forme de ce qu'on appelle des crises ? (crise économique, sanitaire, politique, écologique)

Oui, cela se manifeste par des crises diverses. Le problème du mot « crise » est qu'il véhicule l'imaginaire qu'on puisse revenir à l'état normal ou à l'état antérieur. Or, il n'y a pas de retour à la normale. Les perturbations, chocs et autres catastrophes changent notre monde dans un enchaînement incontrôlé. Il faut dézoomer pour voir s'il s'agit d'une dégradation, d'un déclin, d'une désescalade, etc. C'est une question pour les historiens du futur. Donc oui, il s'agit bien d'un enchaînement de « crises ». Utiliser ce mot est intéressant surtout parce que cela montre qu'il y a plusieurs champs. Nous n'avons pas seulement affaire à une crise sanitaire, comme celle du covid, c'est vraiment transdisciplinaire.

Vous préférez d'ailleurs le concept d'effondrement à celui de fin du monde. Est-ce que vous souhaitez prendre de la distance par rapport aux récits eschatologiques ?

Je ne sais pas trop. Nous avons été surpris quand nous avons commencé ce travail en 2013-2014. Notre étude est parue en 2015, dans une ambiance de moquerie envers ceux qui parlaient de la fin du monde : bug de l'an 2000, apocalypse maya, films hollywoodiens un peu débiles... Le sujet pouvait facilement être repoussé d'un revers de la main. Or, nous voulions montrer que beaucoup de scientifiques prenaient l'effondrement de notre société ou de la biosphère au sérieux et qu'il fallait en faire de même pour pouvoir vraiment agir et bien se préparer. Au début, nous n'avons pas réalisé que nous mettions les pieds dans un grand récit, un immense mythe : celui de l'effondrement au singulier. Cela a provoqué d'immenses affects dans la société.

Nous voulions décrire les effondrements au pluriel, montrer cette mosaïque très colorée et toute sa complexité. Or, quand le mot effondrement, ou collapsologie, a explosé dans la société, il a réveillé ce mythe. S'il y a eu autant d'affects et qu'on en a parlé autant, c'est parce qu'il y a des odeurs, des accents de fin du monde partout dans le monde. Quand on entend Greta Thunberg, quand on voit les incendies en Australie, quand on entend António Guterres de l'ONU parler de la fin de notre monde... On se rend compte que c'est une idée qui est là, partout, depuis des mois, des années. La collapsologie n'a fait que capter cela.

Ce mythe de la fin du monde, de l'effondrement au singulier, est intéressant. Comme tous les récits de science-fiction et d'anticipation. C'est ce que nous développons dans notre dernier livre *Une autre fin du monde est possible*. Le titre est maladroit d'ailleurs, les titres le sont toujours, mais on aurait dû parler d'une « fin d'un monde » plutôt que de « fin du monde ». Cela dépend des points de vue évidemment, mais, en ce moment, nous sommes en train de vivre la fin d'un monde, c'est certain.

Vous parlez dans vos travaux de l'existence de plusieurs phases d'acceptation de l'effondrement, comme pour un deuil. Est-ce que vous pourriez nous détailler ces différentes phases que vous avez identifiées ?

C'est directement en lien avec notre vécu, à Raphaël Stevens et moi. Nous étions très excités quand nous avons découvert toute cette bibliographie scientifique [sur les effondrements]. Nous voulions qu'un maximum de gens soient informés et se préparent. Cela nous paraissait être une question essentielle. En comprenant tout cela et en le partageant avec le public, nous nous sommes rendu compte que notre joie et notre excitation n'étaient pas du tout partagées. Les gens déprimaient, ou étaient dans le déni, ou en colère, puis ils nous en voulaient. Nous ne comprenions pas et nous nous sommes dit qu'il y avait quelque chose de psychologique à dénouer.

Nous avons donc utilisé le cadre conceptuel du deuil et de la fin de vie. Dans ses travaux sur la fin de vie, la psychiatre Elisabeth Kübler-Ross a décrit 5 stades : le déni, la négociation, la colère, la tristesse et l'acceptation. Quand l'on est sûr que l'on va mourir, avec une maladie grave par exemple, on passe par toutes ces phases avant le stade d'acceptation de la mort. On traverse des montagnes russes d'émotions, d'affects en plongeant dans ces mauvaises nouvelles qui frappent notre monde. Mais ces affects sont passagers. Ce sont des étapes, et il est normal de les traverser. Il faut les accueillir. Il ne faut surtout pas les mettre sous le tapis, car ensuite cela nous revient par l'arrière sous forme de monstres, ce qui s'avère très toxique, à la fois pour les sociétés et pour les individus qui les composent.

Un auteur canadien, Paul Chefurka, a travaillé avant nous sur ces questions et a décrit un autre cadre de prise de conscience d'un possible collapse. Au début, on est dans le déni et on dit : « mais non il n'y a pas de problème, et de toute façon, même s'il y a un problème, il faut juste plus de croissance et plus d'emplois ». Ensuite il y a une prise de conscience qu'il y a un problème majeur, comme le changement climatique, le nucléaire, le pétrole, les inégalités ou le capitalisme. À cette première étape, les gens sont souvent braqués sur un unique sujet et voient tous les déboires du monde à travers cette lunette. Puis il y en a qui vont plus loin et prennent conscience qu'il y a plusieurs problèmes. Mais là ils se prennent la tête à prioriser les luttes, à les hiérarchiser. Enfin, il y a une étape supplémentaire qui montre que tout cela est systémique.

Toutes les crises sont interreliées de manière complexe et il ne suffit pas de n'en résoudre qu'une. Il ne suffit pas de se concentrer sur le nucléaire ou le capitalisme. Une fois que l'on a réalisé cela, on arrive à un stade de désespoir, de sidération qui fait que c'est trop, que cela nous dépasse. C'est global, on ne sait plus quoi faire, on est un peu privé d'action, de motivation, d'espoir. Et c'est normal de ressentir ça. Nous ne sommes pas nombreux à avoir atteint ce stade, même si nous le sommes de plus en plus.

Il y a toute une progression dans la prise de conscience qui est intéressante. Et, d'ailleurs, ce n'est pas qu'une prise de conscience, c'est aussi une prise d'émotion, de cœur. Il ne suffit pas de comprendre, il faut vraiment que cela nous impacte au plus profond de notre cœur et de nos tripes pour pouvoir passer à l'action et pour pouvoir changer notre rapport au monde.

Dans votre magazine *Yggdrasil*, vous faites le constat de ce qui ne va pas, mais vous accordez de la place aux recherches de solutions.

Et c'est quelque chose que l'on retrouve dans votre parcours, vous êtes passé de « comment tout peut s'effondrer » à « une autre fin du monde est possible ». Parler de l'effondrement et d'un après, est-ce que c'est l'expression de la crainte d'une fin, ou d'un désir de renouveau ?

Toujours les deux. Je suis plutôt partisan du « et » que du « ou ». Il ne faut pas choisir. Quand nous avons écrit *Comment tout peut s'effondrer* avec Raphaël Stevens, nous avions déjà la vision d'une renaissance, parce que nous avons une formation de biologistes. Or, en biologie, en écologie, en évolution, dans toutes ces sciences de la nature, il est évident qu'il y a quasiment toujours des renaissances. En fait, tout fonctionne sous forme de cycles et l'effondrement correspond à une phase.

Il y a quatre phases dans ce que les écologues appellent les « cycles adaptatifs » du vivant. La croissance est la première phase, suivie d'une stabilisation, puis d'un effondrement, enfin d'une réorganisation, et à nouveau de la croissance. Des écosystèmes aux organismes, tout fonctionne ainsi. Dans notre culture de biologistes, c'était évident. Quand nous avons écrit *Comment tout peut s'effondrer*, nous voulions montrer aux gens que notre société arrive dans cette phase d'effondrement. Si ce livre est, certes, un *best of* des mauvaises nouvelles, nous parlions déjà entre les lignes de régénération, de renaissance, de l'après.

On ne peut pas se contenter de ne parler que d'effondrement. Ce n'est que la moitié du récit et c'est toxique de rester dans les ombres. Par contre on ne peut pas juste se contenter de renouveau et de positif. L'un ne va pas sans l'autre, car sinon, on perd pied. Il faut toujours garder ce clair-obscur.

À quoi ressemblerait ce monde à naître selon vous ?

Il a déjà commencé lui aussi. Il ne s'agit pas d'attendre un après. Quand on dit que les effondrements ont déjà commencé, il en va de même pour les renaissances. Il suffit de changer de lunettes et de voir que, partout dans le monde, on trouve ce que j'appelle des « jeunes pousses », des expériences extraordinaires que l'on pourrait mettre dans la boîte du monde d'après mais qui existent déjà. Il suffit de les nourrir, de les arroser, de les bouturer, de les mettre en réseau. Des expériences de permaculture, d'agro-écologie, de monnaies locales, des nouveaux récits, des expériences politiques passionnantes, des ZAD, ce que l'on appelle la transition, d'autres rapports au monde... Des changements de conscience, il y en a partout. Ils sont là, en germe. Tout n'est pas forcément déjà là, mais les bases sont là. Rien qu'à voir la pandémie de Covid-19 et le confinement : quand on laisse le vivant et les écosystèmes tranquilles, ils renaissent, ils repoussent, ils se revivifient. On entend les chants des oiseaux, les cétacés reviennent près des côtes... C'est magnifique.

Il y a un potentiel de régénération assez magistral. Pour moi, dans les grandes lignes, le monde d'après repose sur l'entraide, l'auto-organisation et l'altruisme : toutes les tendances prosociales dont nous avons été privés par cet imaginaire atroce et toxique de la loi de la jungle, ce bain idéologique de la compétitivité et de la compétition dans lequel nous sommes plongés depuis 200 ou 300 ans.

Un deuxième horizon est à trouver dans notre lien avec les autres espèces, et cela commence par mettre un terme la coupure ontologique horrible entre la nature et l'humain. Cette cassure, que l'on nomme cartésienne, fait que l'on considère les autres êtres vivants comme des objets et non comme des sujets. Or, en tant qu'objets, on peut en faire ce que l'on veut : les tuer, les massacrer, les manger, les vendre... J'aimerais changer ce rapport au monde. Selon moi, l'avenir verra se nouer des liens à nouveau très forts, intimes, multiples, multicolores avec les non-humains : les animaux, les bactéries, les champignons, etc. Je pense que cela nous rendra plus humains.

Est-ce face à la multiplicité des paramètres à prendre en compte pour ces mondes possibles que vous adoptez une approche transversale ?

Oui, j'en suis intimement persuadé. Je me suis accroché à toute une filiation intellectuelle qui pense de façon horizontale, comme le sociologue et philosophe Edgar Morin. Toutes les sciences de la complexité m'ont nourri, et je suis persuadé que l'on a besoin de faire des liens entre les disciplines, de se nourrir, de s'enrichir les uns les autres.

« Complexe », comme « complexus », cela signifie « tisser » et « faire des liens ». Nous sommes partis de là avec Raphaël Stevens. Mais j'irai plus loin, et d'autres le font aussi, au sens où la transdisciplinarité implique aussi d'ouvrir la science à la société civile, aux non-scientifiques, pour les protocoles de recherches, pour l'analyse des résultats, pour les questions que l'on peut se poser... La science ne doit plus rester soi-disant neutre, dans sa tour d'ivoire. Pour moi c'est très important. Et puis, il est essentiel de s'ouvrir à d'autres modes de cognition. Par exemple l'intuition. L'intuition est un mode cognitif fondamental, que même les scientifiques utilisent, même s'ils ne se l'avouent pas toujours. Elle n'est pas anti-scientifique, elle est complémentaire à la raison et l'enrichit.

Dans *Comment tout peut s'effondrer* vous écriviez : « *Aujourd'hui, l'utopie a changé de camp : est utopiste celui qui croit que tout peut continuer comme avant. L'effondrement est l'horizon de notre génération, c'est le début de son avenir* ». À partir de là, est-ce qu'il n'y aurait pas une place pour de nouvelles utopies ?

Bien sûr. Pour reprendre la métaphore des jeunes pousses : quand une forêt brûle ou qu'un arbre géant tombe dans la forêt, cela fait une clairière, un endroit dégagé. C'est parce que l'arbre tombe que les jeunes pousses en dessous peuvent vraiment émerger, au soleil. Les graines et les germes en dormance sont là.

C'est la diversité des jeunes pousses qui fera notre résilience et nos avenirs possibles. Si l'on arrive avec une seule espèce de jeunes pousses plantées en rang, même si elles sont nombreuses et puissantes, on est mort. L'avenir, ce n'est pas cela. L'avenir, c'est plein de possibles. Il faut réouvrir les horizons.

Depuis le début, même si la collapsologie arrive avec un gros marteau d'effondrement, elle a cette posture d'essayer de recréer des horizons possibles. Évidemment l'anticipation, la science-fiction et les récits ont un rôle majeur et central là-dedans. La philosophe Isabelle Stengers explique très bien que les sociologues se sont interdits de travailler sur de possibles sociétés humaines, parce qu'il y a trop de paramètres, qu'il est compliqué de faire des statistiques, de la science quantitative et de paraître scientifique lorsque l'on traite de questions aussi complexes que les futures sociétés. De fait, ils ont arrêté de se demander : « Et si la société ressemblait à ça dans 200 ans ? ». Ils ont laissé ce champ aux écrivains d'anticipation et de science-fiction, qui ont dû développer une extraordinaire capacité de précision pour pouvoir être lus, sinon leurs récits n'auraient pas été crédibles et le lectorat n'aurait pas accroché. Ce sont eux qu'il faut aller voir pour étudier les questions politiques des possibles, des voies futures qui pourraient être empruntées, des bifurcations. L'anticipation a un rôle majeur en politique.

MARIE BÉCUE & ALICE BAILLAT

MIGRATIONS :
DES EFFONDREMENTS HUMAINS

« *La fin du monde a déjà eu lieu pour certains* », nous disait l'écrivaine Ketty Steward dans la première partie de notre exploration. À partir de ce postulat, chercher à saisir la complexité de ces effondrements possibles implique de porter le regard sur une multitude de situations qui pourtant, de prime abord, semblent indépendantes les unes des autres. Dégradation des écosystèmes terrestres et marins, augmentation du nombre de réfugiés (climatiques ou non), paupérisation, exploitation et violences faites aux femmes, attaques ciblées contre des communautés minoritaires... Pour Marie Bécue, avocate, experte en protection des droits humains et administratrice chez Médecins du Monde France, « *il est plus que jamais temps de faire les liens entre ces phénomènes, d'en comprendre les interconnexions, d'évaluer les risques systémiques et de travailler sur l'intersectionnalité* ».

Le dérèglement climatique (avec une augmentation de la fréquence et de l'intensité des catastrophes naturelles) et la multiplication de conflits armés (eux-mêmes souvent liés à des enjeux d'accès aux ressources naturelles) entraîneraient à leur tour un ensemble de micro-crises globales : pandémies, révolutions, chocs climatiques, crises humanitaires, etc. Ces micro-crises se traduisent bien souvent par des effondrements à l'échelle locale, et les populations doivent alors entrer en mouvement, en migration.

Le besoin de résilience organisée

« *La migration revient dans les récits car elle est synonyme de préservation de la vie, d'adaptation et de résilience dans certains cas* », estime Marie Bécue. Elle ajoute que le phénomène des migrations est inhérent à l'humanité : beaucoup des peuples qui nous ont précédés étaient nomades et migraient au gré des saisons, de la disponibilité des ressources naturelles ou par nécessité économique. Peuples préhistoriques, celtes, romains, wisigoths, francs... « *La migration ne date pas d'aujourd'hui et elle fait partie de notre histoire. Elle a souvent été encouragée, mais aussi surveillée, contrôlée voire criminalisée.* »

Selon l'avocate, c'est l'apparition et l'injonction à la propriété terrienne qui ont rebattu les cartes, la migration devenant l'exception, et la sédentarité la norme. Cette norme imposée et les contraintes légales internationales constituent des freins à l'adaptation des communautés humaines aux dérèglements climatiques présents et à venir. Marie Bécue nous cite ici l'exemple des terres agricoles, dont dépendent beaucoup de populations en mouvement. Cet accès au foncier agricole doit être facilité, affirme-t-elle, tant au niveau local que national, dans une optique de résilience alimentaire et de préparation et de réduction de risques face aux micro-crises. Pour minimiser les impacts, l'avocate en appelle à anticiper au maximum la résilience alimentaire locale et régionale, à créer des réseaux d'entraide et à identifier des leviers efficaces de protection face aux crises :

« *La Covid-19 a mis en exergue comment les sociétés occidentales sont vulnérables et non préparées. Les réserves de nourriture sont dépendantes des transports globalisés, ce qui entraîne la panique de la population et des ruptures dans la chaîne d'approvisionnement (exemple : premier confinement). L'État n'a pas la confiance ni la crédibilité nécessaire pour éviter cette réaction de peur. S'assurer que ses besoins vitaux en nourriture et en eau soient couverts en cas de crise, c'est la phase de préparation, et pour cela il faut revenir au circuit court, au local, aux greniers villageois, revaloriser les plantations sauvages, le rôle des petites fermes, le travail de la terre*

151

et désindustrialiser l'agroalimentaire. Beaucoup de programmes humanitaires se concentrent sur la diversification des cultures, l'aquaponie, l'hydroponie, l'agroécologie, les micros fermes pour favoriser cette résilience future, c'est selon moi la clé de voûte que toutes les sociétés devraient mettre en place. »

Conséquences de ces crises localisées : les migrations forcées

Dans son rapport *État de la migration dans le Monde en 2020*, l'Organisation internationale pour les migrations (OIM) estimait à 281 millions le nombre de migrants dans le monde cette année-là, soit 3,6 % de la population mondiale. Cela représente 128 millions de personnes de plus qu'en 1990 et trois fois plus qu'en 1970. Le rapport consacre notamment un chapitre aux migrations environnementales amenées à augmenter considérablement dans les années à venir. Le changement climatique va remettre largement en question l'habitabilité de certains territoires.

Alice Baillat, spécialiste des migrations climatiques au sein de la Division Migration, Environnement et Changement Climatique de l'OIM nous détaille certains phénomènes amenés à se produire dans les années à venir en raison du changement climatique, nous aidant par ailleurs à décrypter les idées reçues sur ces phénomènes d'effondrement.

L'ENTRETIEN
▬ ▬ ▬ ▬ ▬ ▬ ▬

La notion d'habitabilité est au cœur de votre travail : quitter l'endroit où l'on habite n'est pas anodin à la fois matériellement et humainement. Les migrations, notamment climatiques, peuvent-elles être décrites comme le résultat d'un effondrement de l'habitat et d'un effondrement d'une vie à l'échelle individuelle ?

Le changement climatique va en effet avoir un impact sur l'habitabilité de certains territoires. La hausse du niveau de la mer va éroder les zones côtières souvent très peuplées d'Asie du Sud et du Sud-Est, et submerger une partie des petits États insulaires du Pacifique et des zones deltaïques (du Gange et du Mékong par exemple). La hausse des températures et la modification des régimes de précipitations vont accroître les sécheresses, la désertification et réduire les surfaces agricoles en Afrique, en Asie et en Amérique latine. L'augmentation de la fréquence et de l'intensité des catastrophes comme les cyclones ou les inondations expose également les territoires et leurs populations à de multiples risques. L'ensemble de ces phénomènes a déjà une incidence certaine sur les migrations qui, en ce sens, peuvent être vues comme la manifestation d'une certaine forme « d'effondrement » de l'habitat et de destruction des moyens de subsistance des individus.

La disparition et la dégradation de certains territoires, submergés par les eaux, ou devenus trop arides et trop chauds pour être habités, vont également menacer les langues, les cultures, les liens communautaires des populations qui vont devoir partir de façon définitive et chercher refuge ailleurs. Des relocalisations entières de populations seront à prévoir, et sont déjà anticipées dans certains pays insulaires du Pacifique ou au Vietnam.

Mais il ne faut pas oublier que la migration est rarement le résultat d'un seul facteur, et qu'elle résulte à la fois de facteurs politiques, économiques ou encore culturels. La décision de migrer est aussi très liée à la perception que les individus ont de la dégradation de leur habitat. Des études montrent en effet que ce sont davantage les perceptions des risques que les changements effectifs physiques qui influencent le choix de migrer ou de rester.

Enfin, il faut se garder de ne voir ces migrations que sous un prisme négatif. Si certaines migrations vont être forcées et doivent être évitées à l'aide de réponses politiques ambitieuses et adaptées, d'autres représentent au contraire une stratégie d'adaptation face aux changements environnementaux et climatiques, qu'il s'agit d'encourager et de faciliter. La migration est aussi un moyen pour de nombreuses populations de diversifier leurs moyens de subsistance lors des périodes de sécheresse ou entre deux récoltes et l'argent envoyé par les migrants à leurs familles et communautés peut être utilisé pour l'adaptation des territoires d'origine.

Quelle est la place des migrations dans l'histoire humaine ?

Il existe aujourd'hui de nombreuses idées reçues sur les migrations climatiques, et je voudrais en déconstruire quelques-unes.

Tout d'abord, ces migrations ne sont pas nouvelles, et l'environnement a toujours été un important facteur de migration et de distribution de la population mondiale. La fertilité des deltas du Mékong et du Gange a par exemple attiré les populations au point d'en faire des foyers de peuplement importants aujourd'hui. Le Dust Bowl aux États-Unis dans les années 1930 est un autre exemple de migrations liées à des phénomènes environnementaux, même s'il ne peut être dissocié d'un contexte socio-économique plus large. Mais avec la multiplication des impacts des changements climatiques et des dégradations environnementales, ces facteurs risquent fort de jouer un rôle croissant dans les dynamiques migratoires des prochaines années.

Deuxièmement, les migrations climatiques ne se résument pas aux déplacements liés aux catastrophes, en général les plus médiatisés et les plus « sensationnels » car ils impliquent souvent un mouvement massif et soudain de populations. L'Observatoire des déplacements internes (en anglais, Internal Displacement Monitoring Centre, IDMC) estime que chaque année, environ 25 millions de nouveaux déplacements ont lieu dans le monde en raison de catastrophes. C'est beaucoup, et c'est déjà trois fois plus que les déplacements liés aux conflits. Mais des changements comme l'élévation du niveau de la mer et la désertification peuvent aussi conduire à des migrations encore plus nombreuses, même si elles sont plus difficilement mesurables et quantifiables, car ces facteurs interagissent avec d'autres d'ordre politique, économique, social ou culturel. La Banque mondiale estime qu'en 2050, environ 143 millions de personnes pourraient migrer à l'intérieur de leur pays en Asie du Sud, en Afrique subsaharienne et en Amérique latine, si aucun effort drastique n'est fait en matière d'adaptation et d'atténuation pour réduire l'ampleur des impacts du changement climatique.

Troisièmement, la très grande majorité des migrations climatiques se produit à l'intérieur des pays et non au-delà des frontières. Ce constat est largement partagé par l'ensemble des études scientifiques et des observations empiriques existantes, et doit battre en brèche les fantasmes d'invasion migratoire de certains.

Quatrièmement, on oublie que de nombreuses populations vont être prises au piège dans des environnements de plus en plus dégradés et dangereux, et incapables de migrer car elles n'en auront pas les moyens économiques par exemple, ou parce qu'elles seront confrontées à des obstacles politiques et culturels (il existe par exemple de fortes inégalités de genre face à la migration, les femmes y ayant souvent moins accès). Il est donc essentiel de ne pas oublier ces populations piégées, et de faciliter lorsque cela est nécessaire, des options de migrations volontaires, dignes et organisées pour leur permettre de quitter des territoires devenus inhabitables ou trop dangereux. Enfin, on pense souvent que ces migrations concernent uniquement des territoires lointains, situés dans les pays en développement d'Asie, d'Afrique ou d'Amérique latine. Certes, ces régions représentent d'importants foyers de migrations en raison de leur vulnérabilité face au changement climatique, et de facteurs démographiques, économiques et politiques. Néanmoins, l'ensemble des régions du monde, y compris des régions développées comme l'Europe et les États-Unis, est concerné par ces migrations. Il s'agit de voir la vulnérabilité des côtes américaines et de la région des Caraïbes face aux ouragans qui déplacent chaque année des dizaines de milliers de personnes. On va assister à une augmentation croissante des demandes d'asile et d'immigration pour des facteurs environnementaux, en provenance des pays vulnérables au changement climatique.

Pour les populations contraintes à la migration climatique, quels sont les risques sécuritaires qui se présentent le plus ? (par exemple : risques de conflits, luttes pour les ressources naturelles, inégalités exacerbées ?)

Depuis l'attribution conjointe du Prix Nobel de la Paix à Al Gore et au GIEC en 2007, les changements climatiques sont largement reconnus comme une menace pour la paix et la sécurité. Au centre de cette relation entre climat et sécurité, on trouve généralement les migrants climatiques. Poussés à l'exil par les dégradations de leur environnement, ils engendreraient une pression démographique insupportable sur des ressources raréfiées, générant ainsi compétition, tensions et conflits, notamment avec les communautés des territoires d'accueil. Il est indéniable que climat et sécurité sont deux sujets extrêmement liés.

Si un État n'est par exemple plus capable de répondre aux besoins essentiels de sa population, cela risque de déstabiliser des régions déjà fragiles et de créer des tensions pouvant mener au déclenchement de conflits. Des études ont montré par exemple le rôle de la sécheresse et de la mauvaise gestion gouvernementale des ressources hydriques et agricoles dans le déclenchement de la guerre civile syrienne en 2011. La désertification, et la raréfaction des ressources halieutiques [liées à la pêche] dans la région du lac Tchad, auraient aussi favorisé l'essor et l'expansion de Boko Haram, profitant de l'insécurité climatique pour étendre son recrutement et ses opérations.

Si le changement climatique constitue bien un risque pour la sécurité nationale et internationale, il faut toutefois se demander si présenter les migrants comme une menace pour la sécurité et la stabilité est la bonne façon d'aborder et d'alerter sur ce problème. Il y a un risque important de criminaliser ces migrants et de justifier la mise en place de politiques migratoires restrictives, surtout dans un contexte marqué par une certaine obsession des frontières et une crainte de l'immigration.

Au lieu de représenter un danger, ce sont surtout les migrants qui sont eux-mêmes exposés à de nombreuses menaces pour leur survie et leur propre sécurité. Le changement climatique menace notamment leur sécurité humaine, qu'il s'agisse de leur accès à l'eau, à la nourriture, à la santé, ou à un environnement stable et décent. On sait aussi que les migrants sont plus exposés aux risques d'épidémies, aux violences, aux discriminations, et aux trafics illicites de personnes. Il est donc indispensable, pour les protéger face à ces différents risques, préserver leur dignité, mais aussi prévenir l'émergence de futures tensions, d'anticiper ces migrations et de faciliter l'accès à des voies de migration sûres, régulières et ordonnées.

Les populations en migration climatique font-elles face au risque d'être dans la « survie » permanente, de ne pas trouver de nouvel habitat, si leur statut n'est pas mieux pris en compte ?

Il n'existe pas encore de statut international spécifique accordant une protection aux migrants climatiques et leur permettant de demander l'asile dans un autre pays. S'il y a encore beaucoup à faire au niveau politique et juridique pour protéger les droits et la survie des populations en première ligne du changement climatique, il faut aussi reconnaître certaines avancées positives.

Les migrations climatiques sont aujourd'hui reconnues par plusieurs grands textes internationaux comme l'Accord de Paris signé en 2015 et le Pacte mondial pour des migrations sûres, ordonnées et régulières signé en 2018. Ces textes appellent les États à élever le niveau de leurs ambitions en matière d'action climatique pour réduire les déplacements forcés. Cela les incite aussi à mettre en place des mesures pour accompagner et protéger les personnes déplacées, ainsi qu'à reconnaître la migration comme une stratégie d'adaptation et à donner accès à des voies de migration sûres et régulières. L'Organisation internationale pour les migrations (OIM) travaille ainsi avec les États volontaires et d'autres partenaires pour développer ou adapter des politiques migratoires en tenant compte des facteurs environnementaux et climatiques.

Des initiatives prometteuses comme la Plateforme sur les déplacements liés aux catastrophes (PDD) existent aussi et visent à mieux protéger les personnes déplacées à l'extérieur des frontières de leur pays d'origine à la suite d'une catastrophe. Enfin, on voit des initiatives émerger au niveau régional et national. En 2020, l'Autorité intergouvernementale pour le développement, qui rassemble des pays d'Afrique de l'Est, a adopté un accord de libre circulation qui facilite notamment la circulation transfrontalière pour les personnes touchées par des catastrophes. Les Fiji, le Vanuatu ou le Bangladesh ont quant à eux élaboré des politiques nationales spécifiques pour gérer leurs migrations climatiques internes et commencer à prévoir et anticiper des relocalisations planifiées de certaines communautés trop exposées aux aléas climatiques.

Enfin, il faut arrêter de voir les migrants uniquement comme des victimes de tragédies. Il y a certes des raisons de voir l'avenir de façon plutôt sombre, mais il faut aussi se rappeler que les migrants démontrent quotidiennement leur capacité à s'adapter à des situations difficiles et à apporter de nombreux bénéfices aux territoires qui les accueillent en termes de compétences ou de diversité par exemple. Il faut donc aussi reconnaître et encourager la contribution positive des migrants, des diasporas et de leurs communautés et les intégrer aux réflexions portant sur l'adaptation et la transition écologique des territoires de départ et d'accueil, notamment des territoires urbains, la création d'emplois « verts » ou encore la réduction des risques de catastrophes.

**

L'enjeu de protection des populations en mouvement

De son côté, l'avocate Marie Bécue souhaite rappeler qu'au-delà d'une résilience alimentaire, « *il faut des communautés égalitaires, soudées pour favoriser l'accueil et l'entraide des autres personnes en mouvement* ». Si les personnes en situation de migration sont des exemples en termes de résilience et de capacité d'adaptation, leur départ engendre souvent une grande souffrance. Lorsque ces migrations ne sont pas complètement consenties ou désirées, elles génèrent un profond déracinement et une perte identitaire importante.

C'est pourquoi, selon Marie Bécue, ces populations doivent être protégées. Cette avocate travaille également en tant que consultante pour des Organisations Non-Gouvernementales et est administratrice chez Médecins du Monde France. Spécialiste des questions de genre dans les cas de crises, conflits armés et catastrophes naturelles, Marie Bécue a notamment travaillé dans la protection des populations en mouvement. Elle intègre une dimension intersectionnelle dans sa réflexion sur l'impact des crises sur ces populations au sens où elle prend en compte l'accumulation des oppressions liées à l'origine ethnique, au genre et au milieu social.

L'avocate part également du principe que les inégalités (salariales, sociales, économique, etc.) sont amplifiées en cas de crise et prend notamment l'exemple des inégalités de genre : « *L'épidémie de Covid-19 a illustré un fait déjà connu : en temps de crise, les violences faites aux femmes et basées sur le genre augmentent, alors qu'à l'inverse, les services de protection et les systèmes d'accès aux soins sont affaiblis, voire totalement à l'arrêt.* » Selon elle, la seule solution réside dans le fait de travailler à la réduction de ces inégalités en amont. « *Plus on parcourt de chemin avant un choc, moins il en restera à parcourir pour se relever* », ajoute-t-elle.

Des micros-crises locales à la rupture globale

Selon Marie Bécue, l'enjeu, pour minimiser l'impact de ces micro-crises, est de porter notre regard non seulement sur les conséquences pour les populations, mais également sur les causes. Ceci d'autant plus dans l'optique d'anticipation d'une rupture de l'ordre global.

Elle considère les crises humanitaires comme « *des effondrements locaux, des ruptures géolocalisées dans la systémie d'une organisation mondiale* », qui en conséquence « *devraient être considérées comme les alertes précoces nous avertissant de la défaillance de notre schéma en tant qu'humanité* ».

Pour autant, l'avocate nous avertit que ces crises sont à replacer dans un contexte mondial globalisé qui ne s'est pas effondré. Les pays voisins, les ONG sont en capacité d'intervenir, l'aide humanitaire s'organise au niveau national et international pour accueillir les personnes déplacées. Mais Marie Bécue s'interroge : « *Quid de la réponse d'urgence si le système [international] devient complètement défaillant, inopérant, sans la possibilité d'envoyer du fret par avion ou sans un système bancaire permettant de dégager des liquidités rapidement ? (...) Et surtout que se passe-t-il si toutes les sociétés modernes entrent en crise en même temps ?* »

Dans une optique d'effondrement globalisé, Marie Bécue pose également cette question : qui écrira le récit de la suite ? Si le « monde d'après » galvanise les imaginaires, il se heurte toujours, selon elle, à la réalité du monde d'avant, toujours bien ancrée : « *Le récit post-crise se dessinera-t-il avec les femmes, les filles ? Avec les minorisé·e·s, les LGBTQIA+, les sans-papiers, les migrant·e·s, les précaires ? Car ces voix doivent être entendues et non invisibilisées pour qu'émerge un monde plus juste, équitable et pérenne.* »

JEAN-SÉBASTIEN STEYER

LES FINS DU MONDE
DANS L'HISTOIRE NATURELLE

« Anthropocène », « effondrement », « collapsologie », « monde d'avant et monde d'après ». Ces termes qui parcourent notre revue sont apparus très récemment dans le vocabulaire courant. Nous appelions au début de cette partie à décentrer notre regard pour embrasser d'autres réalités sur les fins du monde, celles de sociétés antérieures qui ont, elles aussi, connu des effondrements et des renaissances ; celles de populations qui ont connu des cataclysmes locaux et humains. Pour autant, il nous semble important, à ce stade de notre enquête, d'élargir encore nos horizons et de tenter de nous détacher d'une vision anthropocentrique. La « fin du monde » a déjà eu lieu à plusieurs reprises au cours de l'histoire humaine, des mondes s'écroulent chaque jour au niveau individuel et collectif, mais, qu'en est-il à l'échelle de l'histoire naturelle ?

L'état de la recherche actuelle estime que la vie est apparue sur Terre il y a plus de 3,5 milliards d'années. Depuis, de nombreuses ères se sont succédé et, au cours de ces ères, des espèces ont disparu, les écosystèmes ont évolué, se sont transformés. Des mondes, comme celui des dinosaures, ont prospéré avant de disparaître. À partir de ce constat, peut-on analyser l'histoire naturelle au travers de la notion d'effondrement ? Existe-t-il des mondes d'avant et des mondes d'après pour le vivant ? Ou bien cela prend-il la forme d'une continuité ?

Jean-Sébastien Steyer est paléontologue au CNRS. Ce chercheur, rattaché au Muséum National d'Histoire Naturelle de Paris, est également l'auteur de nombreux ouvrages de vulgarisation scientifique tels que *La Terre avant les dinosaures* (2009) ou encore *Demain, les animaux du futur* (2015). Également intéressé par les récits d'anticipation, et par les liens entre sciences et pop culture, il a également écrit des ouvrages collectifs comme *Les mondes perdus, une nouvelle préhistoire* et *La science fait son cinéma* (avec l'astrophysicien Roland Lehoucq).

L'ENTRETIEN

Peut-on considérer que la notion d'effondrement a du sens sur le plan scientifique, compte tenu de l'histoire naturelle ? Dans quelle mesure peut-on l'associer ou la distinguer de la notion d'extinction ?

Le terme d'effondrement, et son dérivé le mot collapsologie, sont des notions anthropocentriques car en histoire naturelle les écosystèmes ne s'effondrent pas, éventuellement ils se recomposent. Leurs composants, les êtres vivants, s'éteignent bien à cause de l'être humain, nous sommes d'accord, mais les écosystèmes, eux, restent : ils existaient bien avant nous et persisteront bien après. Si notre monde est en péril aujourd'hui, ce n'est pas le cas du monde en général. Parler d'« effondrement », c'est donc observer l'extinction en cours du point de vue de son nombril. Encore une fois l'humain est bien responsable de cette extinction, mais il n'est ni au centre de la biodiversité ni au sommet de l'évolution.

Le même anthropocentrisme a engendré le terme Anthropocène, « période récente de l'être humain » en grec, pour acter notre impact dans une temporalité. C'est légitime mais le problème est que ce mot est passé dans le langage courant, la novlangue, alors qu'il est encore très débattu : cette période débute-t-elle avec la machine à vapeur (1784), la colonisation de l'Amérique du Nord par les Asiatiques (−14000 ans) ou le développement de la culture du riz (−6500 ans) ? De plus, pourquoi inventer un nouveau terme alors qu'il en existe déjà un, l'Holocène, qui s'étend sur les derniers 10000 ans ? Effondrement, collapsologie, Anthropocène, voilà des termes qui alertent l'opinion publique, il le faut, mais de la mauvaise façon : ils masquent notre réelle position dans l'arbre du vivant et dans l'immensité des temps.

Vous dites souvent que « *le futur appartient à ceux qui ont la plus longue mémoire* **». Qu'est-ce que l'histoire des mondes perdus peut nous apprendre sur l'avenir possible des écosystèmes et de la biodiversité ?**

C'est une citation de Nietzsche que j'aime bien – tout comme son terme de « moraline » pour dénoncer la bonne pensée conformiste qui épargne les coupables. Cette citation est d'ailleurs le leitmotiv du livre *Demain les animaux du futur* dans lequel l'artiste Marc Boulay et moi imaginons une biodiversité dans 10 millions d'années, sans humains. Elle stipule en gros que savoir d'où l'on vient, c'est savoir où l'on va : ça fonctionne assez bien à l'échelle individuelle, en psychologie, mais aussi à l'échelle sociétale, en sociologie, et à l'échelle de l'espèce, en paléontologie.

L'histoire des mondes fossiles nous enseigne que tout est lié ; géosphère, climatosphère, atmosphère, hydrosphère, lithosphère, biosphère, etc., tout ce qui compose en fait le « système Terre », c'est-à-dire Gaïa sans le côté perché ou spirituel. Dans ce système, une action initiale peut avoir de fortes répercussions finales, comme on l'observe avec les humains qui impactent le climat, la faune et la flore. L'histoire des mondes fossiles donne aussi la mesure du temps, celui de la Terre, dont l'unité est le million d'années. C'est une temporalité qui nous dépasse et nous empêche de penser le long terme. Si l'on veut limiter la casse, il faut donc changer nos rapports aux autres espèces et au temps : le futur, ce n'est pas ce qui se passera après les prochaines élections.

La mémoire est très présente dans la fiction post-apocalyptique. Est-ce l'idée qu'un monde, même perdu, persiste à travers les traces qu'il laisse ? Chaque espèce laisse-t-elle une empreinte unique, durable, dans les écosystèmes terrestres ?

Les empreintes que laissent les espèces sont très variables. Elles dépendent de qui vous êtes (vous avez plus de chances de vous fossiliser si vous avez un squelette), de vos activités, votre durée de vie et du milieu dans lequel vous évoluez. Classiquement en paléontologie, on distingue les restes organiques des traces (ou ichnites). Les premiers sont souvent des fragments (dents, coquilles, carapaces, ossements) qui livrent des informations directes sur l'anatomie, la morphologie, le régime alimentaire, etc. Les traces ou ichnites sont des témoins d'activité (empreintes, pistes, excréments) qui nous renseignent plutôt sur la locomotion, les comportements. Nos méthodes d'investigation sont adaptées à chaque fossile : photogrammétrie, microscopie électronique à balayage, microtomographie à rayons X, les moyens ne manquent pas pour les faire parler.

Ainsi, nous connaissons des dinosaures uniquement par leurs traces laissées au Jurassique - un peu comme on ne voit de Godzilla que ses énormes empreintes sur la plage au début du film. Les objets paléontologiques et archéologiques, ces « reliques du passé », ont toujours stimulé l'imagination : statue de la Liberté enfouie dans *La Planète des Singes*, friches industrielles dans *Mad Max*, gravures rupestres découvertes par Jon Snow dans *Game of Thrones*, tous ces artefacts forment des « capsules temporelles » qui construisent une mémoire commune et renforcent la fiction. Ils ancrent le récit dans sa propre (pré)histoire, sa propre temporalité, et donnent à voir un passé révolu. Dans le genre post-apo, ce passé est directement issu de notre présent, la mémoire inventée devient filiation.

La fiction post-apo génère des nouveaux mondes souvent à partir d'apocalypses et d'effondrements. Mais est-ce que l'évolution, par elle-même, ne va-t-elle pas générer de toute façon des « nouveaux mondes » à moyen et long terme ?

L'évolution de la vie n'est pas un long fleuve tranquille. Plusieurs extinctions se sont succédé au cours des temps géologiques. Le post-apo est à l'Holocène ce que le Crétacé est au Jurassique ; la période suivante ! L'histoire de la Terre nous enseigne que ces périodes se suivent mais ne se ressemblent pas. Leurs limites sont d'ailleurs fixées d'après l'âge des grandes extinctions : le Mésozoïque

(« ère Secondaire ») débute après l'extinction du Permien il y a environ 252 millions d'années, lorsque toute la vie a bien failli disparaître à cause d'énormes éruptions volcaniques qui ont laissé des traces en Sibérie et en Chine.

Le Cénozoïque (« ère Tertiaire ») débute quant à lui après l'extinction des grands reptiles, il y a environ 66 millions d'années. Elle est due à des éruptions volcaniques, visibles cette fois en Inde, et à l'impact d'une météorite au niveau du Mexique. Et ainsi de suite. Les extinctions rythment donc l'histoire de la Terre et ont des causes multiples. Si on les comptabilise toutes, celle en cours n'est pas la sixième mais la septième : on oublie souvent la toute première crise de la vie, lorsque certaines bactéries ont asphyxié quasiment toutes les autres à cause de leurs déchets, il y a environ 2,5 milliards d'années : c'est très loin par rapport à nous, mais aujourd'hui, ne faisons-nous pas la même chose ?

Après l'extinction des dinosaures, de nouvelles espèces ont pu prospérer. Sait-on si certains types d'espèces seraient plus susceptibles de prospérer en cas de fin de l'Anthropocène ?

Ce n'est pas évident, car il est impossible de prédire l'avenir et l'évolution des espèces. Trop de paramètres entrent en jeu : variations climatiques, brassage génétique, impact de météorites, etc., les cartes peuvent être redistribuées n'importe quand, n'importe où et n'importe comment. Mais à défaut de modéliser l'évolution, nous pouvons l'imaginer !

En 1859, Darwin écrit dans *L'Origine des espèces* que « *les espèces les plus répandues, appartenant aux groupes les plus considérables (...), prévaudront ultérieurement et procréeront des espèces nouvelles et prépondérantes* ». C'est le postulat que nous avons suivi dans le livre *Demain les animaux du futur* cité plus haut : nous sommes partis de groupes (oiseaux, céphalopodes, arthropodes...) qui se portent bien aujourd'hui, et avons extrapolé cette biodiversité dans 10 millions d'années. Dans une temporalité plus proche, l'artiste Vincent Fournier imagine quant à lui des animaux du futur « augmentés » pour des tâches humaines bien précises. Ces exercices de biologie spéculative, une branche de la science-fiction que nous assumons complètement, questionnent nos rapports aux autres et à la biodiversité.

Imaginons que vous soyez un archéologue dans plusieurs milliers d'années, un certain temps après un éventuel effondrement. Votre spécialité serait non pas les dinosaures, mais l'humanité du XXe/ XXIe siècle. Quels types de traces pensez-vous que notre civilisation actuelle aurait laissé et que vous seriez susceptible d'étudier pour essayer de reconstituer notre époque ?

Dans quelques milliers ou millions d'années, il ne restera de notre civilisation que nos débris, témoins de notre surconsommation : plastiques, silicium, terres rares, déchets nucléaires.

Comme ces derniers sont déjà enfouis aujourd'hui, ils apparaîtront sous forme de méga-inclusions géologiques radioactives. Silicium et terres rares seront inclus dans des couches de bitume bien visibles dans la stratigraphie du futur. Quant aux plastiques, ils forment déjà des roches sédimentaires détritiques, les « plastiglomérats », particulièrement résistants dans les sols gelés et en grande profondeur.

Les nanoplastiques seront également partout, entre chaque grain de roche, de sable, d'argile, ainsi que dans la structure même des futurs squelettes fossiles. Toutes ces roches présenteront une signature géochimique bien reconnaissable, assez proche de celle des pics anthropiques (CO_2 et autres gaz à effet de serre) mesurés aujourd'hui. Localement, peut-être observerons-nous des cratères d'impact de gros satellites ou autres stations spatiales qui ne brûleront pas lors de leur retombée dans l'atmosphère.

À terme également, chaque site nucléaire sera remplacé par un cratère d'explosion de diamètre proportionnel à son ancienne puissance de production. Enfin, les paléontologues du futur auront peut-être la chance de découvrir quelques débris squelettiques d'humains et d'animaux domestiques intégrant des prothèses et autres équipements cybernétiques... Il est difficile d'admettre que notre monde a indéniablement une fin. *There's no more time for us /*

Nothing is there / For us to share / But yesterday chante Bryan Ferry dans son ode au passé. À nous de tirer les leçons de ce passé pour faire en sorte que notre fin soit la plus tardive possible.

Les animaux du jeu *Horizon Zero Dawn* ressemblent à des dinosaures, mais sont totalement cybernétiques. (Image : Sony / Guerilla Games)

PARTIE 6
QU'IMPLIQUE LE RENOUVEAU ?

LE MOT DE LA FIN
AVEC MARY ROBINETTE KOWAL

Quand nous avons demandé à l'archéologue Patricia McAnany de nous définir la résilience dans sa dimension historique, elle l'a décrite comme « *la capacité à répondre au changement (attendu ou inattendu), à se renouveler et à persister* ». Apocalypses, effondrements, nouvelles sociétés après les fins du monde, mais aussi le changement et les adaptations que cela implique, voilà ce qui constitue finalement la toile de fond de notre exploration tout au long de ce numéro.

Comme la science-fiction dans son ensemble, les mondes post-apocalyptiques semblent nous offrir des ressources pour appréhender les grandes métamorphoses en cours et à venir de nos sociétés. C'est l'avis de l'écrivaine américaine Mary Robinette Kowal. Elle nous confie : « *L'une des choses que je préfère dans la science-fiction ou même la fantasy, c'est qu'elles retournent une situation pour que l'on puisse en voir le maillage. Cela permet aux lecteurs et lectrices d'observer des schémas et d'établir des parallèles avec nos vies et notre monde, sans que cela ne soit vécu comme une attaque.* »

Ceci étant, comme l'affirmait Ketty Steward lors de notre entretien, il ne s'agit pas d'aller chercher du prêt-à-consommer dans les écrits post-apocalyptiques. Il s'agit plutôt d'appréhender un faisceau de solutions en s'ouvrant à d'autres regards sur le monde – initier des changements de points de vue, d'échelle, et de temporalité. Qu'impliquent ces regards ?

Un regard sur le présent

Le roman *Vers les étoiles* de Mary Robinette Kowal a la particularité de se situer en tenaille entre deux cataclysmes. Après l'impact terrible d'une météorite sur Terre dans la zone de Washington, une catastrophe encore plus grande s'annonce : cette collision va avoir une influence désastreuse sur le climat terrestre, et rendre la planète inhabitable d'ici quelques années. La communauté internationale doit entendre raison et se préparer rapidement pour trouver une solution, notamment un nouvel habitat. Ce mécanisme permet à la romancière d'aborder, en version accélérée, la problématique du changement climatique qui caractérise notre époque.

« *Le changement climatique est une catastrophe lente, et il est facile de l'ignorer. Lorsqu'il s'agit d'une apocalypse, il y a un problème immédiat que l'on peut traiter, des solutions pour lesquelles on obtient des résultats rapidement. Les gens se montreront à la hauteur parce qu'ils aiment se voir comme des héros* », nous détaille Mary Robinette Kowal. « *Face à une apocalypse lente, comme celle-ci [le dérèglement climatique], où les solutions ne porteront pas leurs fruits avant des décennies, il est difficile pour les gens de penser dans ces délais.* » D'où l'astuce littéraire visant à rendre le problème climatique bien plus visible en faisant tomber un astéroïde sur Washington. Le récit de *Vers les étoiles*, où toute la communauté internationale doit établir au plus vite une solution avant qu'il ne soit trop tard, reste pourtant bien une description assez fidèle de notre présent. « *Le changement climatique, c'est une planète entière d'humains confrontés à un problème qui ne semble pas immédiat, alors qu'il l'est.* »

La fiction post-apocalyptique semble être particulièrement adaptée à l'enjeu écologique. L'une des barrières à ce défi, depuis toujours, réside dans la sensation que les conséquences sont lointaines et intangibles. La réalité de ces problèmes est pourtant là, indéniable, comme la biologiste Francesca Cagnacci nous l'a rappelé au sujet de notre rapport à la nature. Les mondes fictifs décrivant un « après » nous mettent, plus que jamais, face à la gravité de ces conséquences, à leur caractère palpable, imminent, urgent. Nous revenons toujours à cette phrase de *Mad Max Fury Road* : « *Qui a tué le monde ?* ».

En s'extrayant des temps actuels pour en étudier les suites, ces imaginaires du futur offrent donc un regard lucide sur le présent. Imaginer d'autres mondes a toujours servi à cela, même au sein d'approches littéraires ancestrales à la science-fiction, telles que le genre utopique. Dans l'ouvrage collectif *Fabuler la fin du monde*, le professeur de littérature Jean-Paul Engélibert rappelle que l'on oublie trop souvent que *L'Utopie*, écrit par Thomas More en 1516, est composé en deux livres, « *dont le second seulement présente l'île d'Utopie, alors que le premier brosse un tableau désespérant de l'Angleterre du début du XVe siècle* ». Dans la première partie, Thomas More narre une discussion imaginaire entre lui et un marin-philosophe portugais. Ce dernier dresse alors des constats extrêmement sombres, mais se voulant réalistes, sur l'Angleterre de l'époque. Or, c'est en contraste avec cette description dystopique que l'utopie fait ensuite sens. Cette utopie ne sert pas forcément de programme politique concret, ni d'un format à appliquer tel quel, mais d'une critique visant à véhiculer certaines valeurs, idées, propositions.

Sans doute faut-il percevoir la fiction post-apocalyptique de cette même façon.

Un regard sur l'humanité

Mary Robinette Kowal nous confie que, pour *Vers les étoiles*, elle était mue par « *l'intention d'écrire un roman catastrophe optimiste* », en essayant « *d'écrire sur un avenir plein d'espoir* ». Ce roman est pourtant bien situé entre deux terribles cataclysmes. L'optimisme est à trouver dans son traitement humain de la situation : non seulement, dans le roman, la communauté internationale prend conscience du dérèglement climatique à venir et décide d'agir dans les temps, mais les relations humaines sont un ciment puissant pour les personnages, les aidant à surmonter la gravité apocalyptique de la situation. « *L'humanité excelle dans la recherche de solutions créatives* », nous dit-elle pour expliquer sa démarche. « *Lorsque vous observez des catastrophes réelles, vous constatez que les gens se serrent les coudes pour aider des inconnus. Ce n'est que plus tard, souvent lorsqu'ils sont en sécurité, qu'ils peuvent avoir peur les uns des autres. Cette peur est souvent encouragée par un leader, comme un moyen de consolider son pouvoir. Je voulais montrer une autre voie. Nous pouvons faire des choses étonnantes lorsque nous coopérons.* »

L'une des questions récurrentes de notre exploration était effectivement la suivante : quand une forme de société s'écroule, que reste-t-il de notre humanité ?

Dans la plupart des entretiens, il en est ressorti que les relations humaines permettent tout à la fois de persister et de créer autre chose. En plus des récits de vie et d'aventures ; des alertes ; des extrapolations technologiques et scientifiques ; la littérature d'anticipation se veut également sociale. « *La science-fiction est faite de 'et si'. Et si nous nous aidions les uns les autres ?* », suggère Mary Robinette Kowal.

Pour elle, cette approche trouve d'ailleurs une mise en application très concrète concernant la crise sanitaire liée à la pandémie Covid-19. « *Je pense que l'année 2020 a montré à quel point nos relations humaines nous aident à être résilients. Il y a tout un discours sur l'égoïsme dans les moments difficiles, et, oui, cela arrive. Mais plus fréquemment, et on en parle moins, une catastrophe se produit et les gens s'entraident et se serrent les coudes. Il y a de petits moments magnifiques où nous coopérons tous, où nous nous soutenons les uns les autres, et c'est tellement puissant.* » Un constat que l'écrivaine invite à observer également dans le domaine médical : « *Regardez la façon dont les scientifiques ont travaillé ensemble pour partager les données afin de développer le vaccin Covid-19 à un rythme sans précédent.* » Les enjeux inédits de la crise sanitaire ont effectivement généré la levée de certains obstacles – économiques, logistiques, humains – qui freinent habituellement la recherche scientifique, ce qui est salvateur dans le cadre de la pandémie, mais vient aussi rappeler ce qu'il serait possible de faire si cette approche était appliquée en temps normal.

Un regard sur la finitude et le renouveau

Le physicien Brian Greene postule, dans son essai *Jusqu'à la fin des temps*, que la grammaire du temps se définit certes par le passé et le futur, mais aussi le changement entre les deux. C'est, pour lui, ce qu'il y a de plus élémentaire dans l'existence. « *L'impermanence sous-tend nos expériences* », écrit-il. « *L'Univers et tout ce qu'il contient est voué au changement et à la précarité.* » Selon le physicien, cette finitude nous terrorise et nous la considérons au quotidien comme n'étant pas envisageable en créant des œuvres d'art et des monuments qui tendent à la permanence. Peut-être est-ce aussi pour cette raison que les fictions post-apocalyptiques dégagent une esthétique si fascinante : malgré la fin du monde, nos infrastructures ont perduré, même si la nature les reprend ; des groupes humains sont toujours là, même en petit nombre, même menacés.

Ce genre fictionnel, que l'on définit tant par l'idée de fin du monde, est surtout celui de la continuité, refusant d'envisager que les choses puissent totalement se terminer. Une idée qui se traduit historiquement :

des briques s'en vont pour toujours, d'autres restent, des nouvelles sont posées.

En ce sens, cette fiction rappelle aussi que la résilience, comme dynamique d'adaptation aux changements, ne doit pas être perçue comme une capacité à toute épreuve ou une injonction à rester debout en gardant le même cap. Au contraire, elle peut impliquer le deuil d'une certaine voie, d'un certain mode d'existence. Dans un entretien avec le journal *Le Monde* en 2021, la philosophe Judith Butler estime que la résilience ne doit surtout pas être présentée comme une vertu héroïque face à l'adversité : « *Cette hypothèse implique que les individus qui ont de la 'résilience' survivront, même à la violence et à l'assujettissement les plus extrêmes, simplement en vertu de leur adaptabilité. C'est un postulat qui me paraît aussi cynique que dangereux, car il accepte tacitement l'oppression au prétexte que les vrais 'résilients' ne seront pas brisés. Il nie les dommages réels et se refuse à tenter de les décrire, à y mettre fin et à créer une autre forme de société, dans laquelle les gens ne seraient plus détruits de cette manière.* » L'écrivaine Pat Murphy nous l'affirmait d'ailleurs : son roman post-apocalyptique était une occasion de proposer une autre forme de société, tenant compte de ce qui marchait ou non dans les formes qui ont précédé la fin du monde qu'elle imaginait.

La fiction post-apocalyptique montre alors combien la résilience peut être un processus complexe et nuancé, par exemple en mettant bien souvent en avant l'idée de « cycles » répétitifs desquels les êtres humains n'arrivent pas à se dépêtrer même après l'apocalypse. C'est ce qui explique, en partie, la brutalité du genre. Le jeu vidéo *The Last of Us Part II*, que nous avons déjà abordé à plusieurs reprises, fait bien souvent référence à un « cycle de la violence » : la violence des uns entraîne celle des autres, générant la répétition constante des mêmes erreurs. Même constat pour la série *The 100*, où chaque saison constitue un nouveau moyen pour les personnages de se faire la guerre, de semer la destruction, de s'entre-tuer en créant des clans opposés. Il y a, dans la fiction post-apo, cette idée que les problèmes du « monde d'avant », à l'image de zombies comme reliquats du passé, doivent être résolus pour qu'un « monde d'après » puisse vraiment exister. La littérature d'anticipation, comme miroir du présent, ne fait que retranscrire ce qui s'applique aux crises que vivent nos sociétés. « *Plus des inégalités existent avant une crise, plus elles seront présentes après la crise* », nous soutient l'avocate Marie Bécue, prenant l'exemple de l'impact de la pandémie Covid-19. Ce qui l'amène à faire le constat suivant : « *Beaucoup de voix appellent au changement depuis la crise de Covid-19, comme une sorte de prise de conscience pour ce que certains nomment déjà le 'monde d'après', cet état qui galvanise tant d'imaginaires mais se heurte encore à la réalité du 'monde d'avant', toujours bien présent.* »

« Après la fin, le renouveau »

Une fin est définitive. Le renouveau consiste à créer quelque chose d'autre, mais sans effacer ce qui précède. Raison pour laquelle nous avons pensé cela, tout au long de la précédente partie, comme une continuité. C'est ce mouvement que nous avons voulu résumer dans le titre de ce numéro, « Après la fin, le renouveau ». Cela intègre tout à la fois le deuil et la créativité : intégrer la finitude à l'expérience de la vie et des sociétés, tout en cherchant à inventer d'autres modes d'accès au monde et aux autres.

Dans ces années de la décennie 2020, une période historique qu'il est difficile de ne pas vivre ou percevoir comme transitoire, porter un regard sur la succession des mondes relève d'une démarche positive. Et cette démarche vient alors rappeler que le futur n'est pas seulement fait de grandes idées structurelles, de conquête spatiale et de biotechnologies, mais aussi de choix individuels et collectifs qui viennent forger les sociétés à venir.

« *Je crois que nous avons le pouvoir, en tant qu'individus, de changer les choses, et que les choix que nous faisons dans notre façon d'interagir avec les autres peuvent avoir un impact sur la situation générale* », conclut l'écrivaine Mary Robinette Kowal. « *On peut certes avoir un désir de changement sociétal, mais nous sommes la société et ce changement doit commencer par nous ; par des conversations collectives difficiles et par de la bienveillance.* »

OEUVRES EXPLORÉES

Romans
Dans la forêt, Jean Hegland
La Ville peu de temps après, Pat Murphy
La Cinquième saison, N.K. Jemisin
La Route, Cormac McCarthy
Le Dernier homme, Mary Shelley
Le Livre de M, Peng Shepherd
L'Évangile selon Myriam, Ketty Steward
Station Eleven, Emily St. John Mandel
Un éclat de givre, Estelle Faye
Vers les étoiles, Mary Robinette Kowal

Jeux vidéo
The Last of Us 1 et 2 (développé par Naughty Dog)
Horizon Zero Dawn (développé par Guerilla Games)

Films / Séries
La Route (réalisé par John Hillcoat)
Mad Max (franchise réalisée par George Miller)
The 100 (The CW)
The Rain (Netflix)
The Walking Dead (AMC)

Essais
Fabuler la fin du monde, Jean-Paul Engélibert
Géographie zombie, les ruines du capitalisme, Manouk Borzakian
Hors des décombres du monde, Yannick Rumpala
L'Entraide, l'autre loi de la jungle, Pablo Servigne & Gauthier Chapelle
Une autre fin du monde est possible, Pablo Servigne & Gauthier Chapelle

Pour approfondir d'autres oeuvres sur le sujet, rendez-vous sur :
anticipation-larevue.fr

Facebook : Anticipation, la revue

Twitter : Anticipation_FR

Instagram : AnticipationRevue

www.anticipation-larevue.fr

Nous remercions chaleureusement les personnes qui ont contribué à la réalisation de cette enquête et à la finalisation du numéro.

Un merci tout particulier à Marielle Carosio, Marion Lainé et Joachim Albertini pour leur relecture attentive.

Et merci à vous, lecteurs, lectrices, de faire exister notre revue depuis 2018.

Anticipation N°3

Édition : BoD - Books on Demand
12/14 rond-point des Champs Élysées 75008 Paris
Impression : BoD - Books on Demand, Norderstedt, Allemagne
ISBN : 9782322201273
ISSN : 2647-7882
Dépôt légal : juillet 2021